Aptidão física
na infância e na adolescência

SÉRIE CORPO EM MOVIMENTO

Aptidão física
na infância e na adolescência

Lilian Messias Sampaio Brito

Rua Clara Vendramin, 58 • Mossunguê • CEP 81200-170 • Curitiba • PR • Brasil
Fone: (41) 2106-4170 • www.intersaberes.com • editora@intersaberes.com

Conselho editorial
Dr. Alexandre Coutinho Pagliarini
Dr.ª Elena Godoy
Dr. Neri dos Santos
M.ª Maria Lúcia Prado Sabatella

Editora-chefe
Lindsay Azambuja

Gerente editorial
Ariadne Nunes Wenger

Assistente editorial
Daniela Viroli Pereira Pinto

Preparação de originais
Luciana Francisco

Edição de texto
Didascálica Comunicação

Capa
Laís Galvão (*design*)
Sergey Novikov/Shutterstock(imagem)

Projeto gráfico
Luana Machado Amaro

Diagramação
Bruno Palma e Silva

***Designer* responsável**
Iná Trigo

Iconografia
Regina Claudia Cruz Prestes
Sandra Lopis da Silveira

Dados Internacionais de Catalogação na Publicação (CIP)
(Câmara Brasileira do Livro, SP, Brasil)

Brito, Lilian Messias Sampaio
  Aptidão física na infância e na adolescência / Lilian Messias Sampaio Brito. -- Curitiba, PR : Editora Intersaberes, 2023. -- (Série corpo em movimento)

  Bibliografia.
  ISBN 978-85-227-0388-3

  1. Aptidão física em crianças 2. Aptidão física em jovens 3. Atividade física – Aspectos fisiológicos 4. Atividade física – Aspectos nutricionais I. Título. II. Série.

22-140632 CDD-613.7

Índices para catálogo sistemático:
1. Aptidão física : Infância e adolescência : Promoção da saúde   613.7

Eliete Marques da Silva – Bibliotecária – CRB-8/9380

1ª edição, 2023.

Foi feito o depósito legal.

Informamos que é de inteira responsabilidade da autora a emissão de conceitos.

Nenhuma parte desta publicação poderá ser reproduzida por qualquer meio ou forma sem a prévia autorização da Editora InterSaberes.

A violação dos direitos autorais é crime estabelecido na Lei n. 9.610/1998 e punido pelo art. 184 do Código Penal.

Sumário

Prefácio • 15
Apresentação • 17
Como aproveitar ao máximo este livro • 19

Capítulo 1
Fundamentos gerais de aptidão física e saúde na infância e na adolescência • 23

1.1 Aspectos históricos da aptidão física • 26
1.2 Conceitos e componentes da aptidão física relacionada à saúde • 30
1.3 Idade cronológica × idade biológica • 43
1.4 Aspectos éticos da avaliação física em crianças e adolescentes • 50
1.5 Importância e objetivos da avaliação de aptidões físicas • 55

Capítulo 2
Aptidão cardiorrespiratória em crianças e adolescentes • 69

2.1 Caracterização dos componentes cardiovasculares • 72
2.2 Relação de aptidão cardiorrespiratória e saúde em crianças e adolescentes • 79
2.3 Aspectos fisiológicos da aptidão cardiorrespiratória • 84
2.4 Métodos de avaliação do componente aeróbio • 89
2.5 Métodos de avaliação do componente anaeróbio • 95

Capítulo 3

Aptidão muscular em crianças e adolescentes • 111

3.1 Caracterização dos tipos de fibra e contração muscular • 114

3.2 Relação de aptidão muscular e saúde em crianças e adolescentes • 120

3.3 Aspectos fisiológicos da aptidão muscular • 125

3.4 Métodos de avaliação de força em crianças e adolescentes • 133

3.5 Métodos de avaliação de resistência muscular em crianças e adolescentes • 136

Capítulo 4

Composição corporal e flexibilidade em crianças e adolescentes • 153

4.1 Padrões de crescimento e alterações metabólicas na criança e no adolescente • 156

4.2 Período pré-púbere e estirão de crescimento • 165

4.3 Protocolos de medidas de composição corporal em crianças e adolescentes • 168

4.4 Relação de flexibilidade e saúde em crianças e adolescentes • 172

4.5 Métodos de avaliação e testes de flexibilidade para aplicação em crianças e adolescentes • 175

Capítulo 5

Componentes da aptidão física relacionados à performance de crianças e adolescentes • 195

5.1 Conceitos relacionados à agilidade e ao equilíbrio • 198

5.2 Aspectos fisiológicos da agilidade e do equilíbrio em crianças e adolescentes • 200

5.3 Relação das aptidões de agilidade e equilíbrio com a saúde em crianças e adolescentes • 201

5.4 Métodos de avaliação de agilidade e equilíbrio • 203
5.5 Principais testes de agilidade e equilíbrio para aplicação em crianças e adolescentes • 204

Capítulo 6
Aptidão física e saúde na educação física escolar • *217*
6.1 Abordagem de aptidão física e vida saudável na escola • 220
6.2 Atividades para o desenvolvimento da flexibilidade • 227
6.3 Atividades para aptidão cardiorrespiratória • 228
6.4 Atividades para aptidão muscular • 229
6.5 Atividades para agilidade e equilíbrio • 231

Considerações finais • 241
Lista de siglas • 243
Referências • 245
Bibliografia comentada • 267
Respostas • 271
Sobre a autora • 277

Dedico este livro a todos os estudantes de educação física, na licenciatura e no bacharelado, que estão em busca de novos conhecimentos. Trago aqui um pouco do que aprendi e vivenciei nos anos de sala de aula como professora da Educação Básica no Estado do Paraná e dos municípios de Araucária e Curitiba.

Dedico aos meus pais e meus irmãos, que sempre torcem por mim.
Aos meus familiares que tanto amo: tios, tias, primos e primas. Ao meu amor, que sempre acredita nos meus sonhos.

Também dedico este livro a todos os profissionais de educação física e alunos(as) que, ao longo da minha carreira, me auxiliaram na busca pelo conhecimento, em ordem prática ou teórica. Aos meus amigos, que tornam a vida mais leve e divertida.
E a todos(as) que entrarem em contato com esta obra, resultado de 30 anos de magistério, que não se esgota em si – é apenas um começo.

Agradecimentos

Primeiramente à minha família, que é a base da minha vida, em especial à minha companheira, Vanessa, e aos amigos que fiz ao longo das trajetórias pessoal e profissional. Agradeço à minha companheira, que sempre esteve ao meu lado e foi a incentivadora dos meus projetos pessoais. Agradecimento especial aos meus alunos, que, no decorrer destes 32 anos, me tornaram uma profissional melhor e me possibilitaram investigar mais sobre esse universo da infância e adolescência que tanto me faz vibrar. Aos mestres que passaram e passam pela minha formação, agradeço imensamente, pois nada disso seria possível sem eles. Ao Universo e sua perfeição!

Um obrigada também especial ao prof. Marcos Ruiz (conhecido por Marquinhos), por ter me indicado para escrever esta obra tão importante e marcante na minha vida profissional, assim como por ter me motivado no início da minha carreira, quando era apenas uma estagiária: suas palavras e conselhos ecoam até hoje na memória. Obrigada, profª. Maria Cristina Kogut, por ter sido a primeira a reconhecer que eu poderia ser uma professora-pesquisadora e ter me levado ao meu primeiro Congresso Científico da Federação Internacional de Educação Física, em Foz do Iguaçu. Obrigada, prof. Ciro Romélio Añez, por despertar em mim o interesse na área de aptidão física durante a graduação. Obrigada, drª. Célia, por abrir o consultório médico para eu assistir a suas consultas, aprender um pouco sobre a medicina esportiva e entender mais a respeito dessa nobre área. Agradeço à prof.ª dr.ª Neiva Leite, além de amiga e grande profissional, por ter aceitado ser minha orientadora no Plano de Desenvolvimento Educacional (PDE) do Estado do Paraná e, depois, no mestrado na Universidade Federal do Paraná (UFPR), coorientadora do doutorado e supervisora no pós-doutorado. Também com você conheci boa parte do mundo, congressos nacionais e internacionais, junto à prof.ª Joice Stefanello, que se tornou uma grande amiga e parceira de viagens. Agradeço às médicas e amigas dr.ª Silvana Vertematti e Flávia Meyer, pelos congressos nos Estados Unidos, no American College of Sports Medicine, e na Europa, profissionais incríveis e inspiradoras. À minha orientadora do doutorado, prof.ª dr.ª Margaret Cristina da Silva Boguszewski, que me fez aprender e crescer muito na área de pesquisas. Não poderia deixar de citar a prof.ª dr.ª Mônica Lima, profissional e pessoa incrível, que muito me ensinou sobre metodologia e estatística nos anos de doutorado em Saúde da Criança e do Adolescente no Hospital de Clínicas, no programa de Pós-graduação em Pediatria. Ao prof. dr. José Fernandes Filho, pela oportunidade de aprender no Editorial Científico junto à sua equipe. Aos meus professores da educação básica, que me ensinaram os primeiros passos, as primeiras palavras, os primeiros textos e as primeiras contas. Em especial à pedagoga Jacira (*in memoriam*) e aos professores Viviam, Neide Bufren (*in memoriam*), Maria, Wolfgang, Valdemar, Maria Alice, entre muitos outros. À minha amiga de infância, de quem tenho muito orgulho, Joice da Cunha, que se tornou uma importante pesquisadora e profissional. Aos meus afilhados sociais em quem encontrei alegria em auxiliar: Eduarda (Duda), Sérgio, Davi, Renato, Raphael, Isabela e todos os outros que estão por vir. Aos professores Giovani Prosdóssimo, Vanessa Ascenção Monteiro, Telma Angélica Ribeirete de Souza, Luiz Fernando Gonçalves, César Augusto Volerte Cordeiro e Fábio Silva, que me auxiliaram na leitura crítica dos capítulos.

"Ensinar não é transferir conhecimento, mas criar as possibilidades para a sua própria produção ou a sua construção".

Paulo Freire

Prefácio

Movimentar-se no dia a dia é uma necessidade do ser humano, para manter a saúde, o prazer e a felicidade, desde a infância e a adolescência. Assim, a qualidade das atividades físicas e sua prática regular na escola são fundamentais para garantir vivências motoras que estabeleçam esse vínculo afetivo favorável de manter-se ativo durante toda a vida. Na minha concepção, as aulas de Educação Física na escola servem para educar as crianças e os adolescentes sobre a necessidade de movimentos em suas atividades diárias, que devem continuar nas fases adulta e idosa. A manutenção do movimento humano amplo e regular assegura o desenvolvimento da aptidão física, fator tão essencial à saúde.

Nessa perspectiva, o livro *Aptidão física na infância e na adolescência*, escrito pela professora Lilian Messias Sampaio Brito, profissional da educação física com larga vivência prática no âmbito escolar, é leitura obrigatória e de excelente utilidade para estudantes e professores de educação física. Direciona-se também aos especialistas da área, que utilizam o exercício físico como ferramenta para manutenção da saúde e prevenção de doenças crônicas degenerativas. Nas últimas décadas, com o maior uso tecnológico e atividades de divertimento sedentárias, torna-se ainda mais importante e desafiadora esta tarefa de educar para o movimento desde a tenra idade.

Portanto, a autora – com quem tive a oportunidade de conviver em vários momentos acadêmicos, como sua orientadora no Programa de Desenvolvimento Educacional (PDE), no mestrado e no pós-doutorado e como coorientadora no doutorado, além de em momentos pessoais e em vários eventos científicos nacionais e internacionais – oferece aos profissionais da educação física e da saúde um livro que abrange vários aspectos fundamentais da aptidão física e seus componentes. Esta obra traz as experiências práticas e teóricas da autora, que facilitarão o desenvolvimento de atividades físicas na escola e em espaços com foco na condução de exercícios físicos na população infantojuvenil.

Professora Doutora Neiva Leite
Professora titular do Departamento de Educação Física (DEF) e do Programa de Pós-graduação em Educação Física (PPGEDF) da Universidade Federal do Paraná (UFPR), médica e professora de educação física, especialista em Pediatria, Medicina do Esporte e Medicina do Trabalho, mestra em Reabilitação, doutora em Saúde da Criança e do Adolescente e pós-doutora pela Universidade de Coimbra e Porto, em Portugal.

Apresentação

Este livro é o resultado de anos de pesquisas e vivências práticas em ambientes nos quais tive o privilégio de atuar: escolas, clubes, parques e outros espaços frequentados por crianças e adolescentes.

Em 31 anos trabalhando em prol da educação física, pude perceber o quanto as gerações foram mudando fisicamente e o quanto as atuais estão acometidas pelo estilo de vida sedentário. Nas últimas décadas, crianças têm desenvolvido problemas de adultos e idosos, algo jamais imaginado na década de 1990.

Ocorreram alterações drásticas de comportamento para a época, quando se falava em síndrome X e, depois, em síndrome metabólica (conjunto de fatores de riscos causados por hábitos sedentários). O verdadeiro vilão tem sido o mau uso das tecnologias (celulares, *tablets*, computadores etc.); o que deveria ser tido como progresso acabou causando certos prejuízos às nossas crianças e adolescentes em decorrência de hábitos inadequados.

Nesta obra, discutimos questões, conceitos, pesquisas etc. relacionados a esse e outros assuntos. Apresentamos a contribuição de grandes autores, como Robert M. Malina e Kenneth Cooper, considerados os maiores estudiosos da área de atividade física no mundo, os quais já tivemos o prazer de conhecer e compartilhar conhecimentos. Também comentamos importantes pesquisadores brasileiros, como os professores Dartagnan Pinto Guedes, Victor Matsudo e José Fernandes.

Ao longo de seis capítulos, tratamos dos fundamentos gerais de aptidão física e saúde na infância e na adolescência (Capítulo 1) – como e por que avaliar esses sujeitos; da aptidão cardiorrespiratória e da aptidão muscular nesse grupo (Capítulos 2 e 3); da composição corporal e flexibilidade em crianças e adolescentes (Capítulo 4), assim como dos componentes da aptidão física relacionados à *performance* (Capítulo 5) e da aptidão física e da saúde na educação física escolar (Capítulo 6), com sugestões e atividades para cada componente.

Este livro oferece, portanto, propostas e conhecimentos básicos atualizados, em âmbito nacional e internacional, para os futuros profissionais de educação física (provenientes da licenciatura e do bacharelado) que irão atuar nas mais diversas áreas. Para que ele o auxilie efetivamente em sua formação, caro leitor, sugerimos que resolva as questões propostas ao final de cada capítulo, de modo a melhor fixar os conteúdos trabalhados, bem como pratique em seu dia a dia os testes e atividades para a aptidão física relacionada à saúde.

Como aproveitar ao máximo este livro

Empregamos nesta obra recursos que visam enriquecer seu aprendizado, facilitar a compreensão dos conteúdos e tornar a leitura mais dinâmica. Conheça a seguir cada uma dessas ferramentas e saiba como estão distribuídas no decorrer deste livro para bem aproveitá-las.

Introdução do capítulo

Logo na abertura do capítulo, informamos os temas de estudo e os objetivos de aprendizagem que serão nele abrangidos, fazendo considerações preliminares sobre as temáticas em foco.

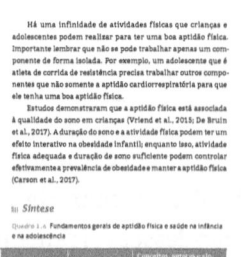

Síntese

Ao final de cada capítulo, relacionamos as principais informações nele abordadas a fim de que você avalie as conclusões a que chegou, confirmando-as ou redefinindo-as.

Atividades de autoavaliação

Apresentamos estas questões objetivas para que você verifique o grau de assimilação dos conceitos examinados, motivando-se a progredir em seus estudos.

Atividades de aprendizagem

Aqui apresentamos questões que aproximam conhecimentos teóricos e práticos a fim de que você analise criticamente determinado assunto.

Bibliografia comentada

Nesta seção, comentamos algumas obras de referência para o estudo dos temas examinados ao longo do livro.

Capítulo 1

Fundamentos gerais de aptidão física e saúde na infância e na adolescência

Neste capítulo abordaremos os fundamentos gerais de aptidão física e saúde na infância e na adolescência. Os componentes da aptidão (velocidade, força, agilidade, equilíbrio, flexibilidade, resistência cardiorrespiratória e coordenação) devem ser lembrados no planejamento das aulas de educação física, pois tornam possível uma prática esportiva de melhor qualidade, principalmente quando estão relacionados à saúde.

O objetivo principal deste capítulo é apresentar conceitos, aspectos históricos, componentes e aplicação de avaliação de aptidão física para saúde de crianças e adolescentes. Ao final do capítulo, esperamos que o leitor compreenda os aspectos etimológicos e históricos da aptidão física, entenda os conceitos e componentes da aptidão física relacionada à saúde de crianças e adolescentes, identifique as diferenças entre idade cronológica e idade biológica e sua interferência no treinamento das aptidões físicas, conheça os princípios éticos que envolvem a avaliação física nessa população e, por último, compreenda os princípios fundamentais e os objetivos da avaliação das aptidões físicas em crianças e adolescentes e sua aplicabilidade.

1.1 Aspectos históricos da aptidão física

Aptidão física

As palavras *fitness*, *total fitness* e *physical fitness* são termos da língua inglesa, que são traduzidos no Brasil respectivamente como "aptidão", "aptidão total" e "aptidão física" (Böhme, 2003).

Durante a Segunda Guerra Mundial (1930-1945), a aptidão motora, como era conhecida na década de 1940, era considerada a capacidade para o trabalho vigoroso, muito semelhante às características militares, comum na época. Nos anos 1950 e 1960, além do interesse da medicina nos fatores associados à crescente incidência de doenças cardíacas em países industrializados, havia na educação física o interesse particular pela aptidão física relacionada ao desempenho motor, fosse para a competição esportiva ou para a preparação militar de jovens. A aptidão motora se referia ao desempenho físico, como: correr, saltar, nadar, levantar pesos e resistir a diferentes situações de guerra. No período após a Segunda Guerra Mundial até a década de 1960, a aptidão física era concebida ainda como um componente da aptidão motora, que por sua vez era entendida como parte da capacidade motora geral.

Ao final dos anos 1960, Kenneth Cooper inaugurou a proposta do Método Aeróbico e, durante a década de 1970, estudou o impacto da aptidão cardiorrespiratória como fator importante na prevenção da doença arterial coronariana (DAC). No Brasil, esse movimento, conhecido como "Teste de Cooper", se popularizou em escolas e campos de treinamento. Foi um dos principais marcos no país à época, quando o *jogging* e a aptidão cardiorrespiratória, ou resistência aeróbica, dominaram o cenário da área que viria a ser o que conhecemos hoje por *atividade física e saúde*.

Os primeiros estudos sobre aptidão física dentro de universidades iniciaram nos anos 1970, como na Universidade Federal do Rio de Janeiro (UFRJ), do Rio Grande do Sul (UFRGS) e de São Paulo (Unifesp), além de estudos do somatótipo de atletas e composição corporal da população, indiferente se atleta ou não (Nahas; Garcia, 2010).

Nesse mesmo período, também emergiu uma discussão mundial a respeito de quais componentes da aptidão física deveriam ser mais valorizados; e foram desenvolvidas diversas baterias de testes para mensurar as destrezas motoras. Este fato ocorreu devido ao aumento do número de pesquisas referentes aos benefícios do treinamento de determinados componentes da aptidão física para a saúde e/ou prevenção das doenças decorrentes da vida sedentária e baixo nível de atividade física. Foram delineados, assim, novos conceitos da aptidão física.

No início dos anos de 1980, a Associação Americana de Saúde, Educação Física, Esportes e Dança (AAHPERD) enfatizou a relação entre saúde e atividade física, e considerou que aptidão física é um contínuo de múltiplas características que se estende do nascimento até a morte. A aptidão física é influenciada pela atividade física e é diferenciada em três níveis de capacidades: alto, ótimo e baixo, até as limitações severas de doenças e disfunções. A aptidão cardiorrespiratória, a composição corporal e as funções musculoesqueléticas foram consideradas funções relacionadas à saúde.

Os anos 1980 foram um período de transição da aptidão física para a atividade física. Estudos epidemiológicos, como os de Paffenbarger Junior et al. (1986) e de Blair et al. (1989), começaram a mostrar a importância de ser ativo, não necessariamente de ter altos níveis de aptidão física. A educação física passou a utilizar os conhecimentos e as evidências epidemiológicas em suas práticas, e sua vinculação com as questões de saúde pública, principalmente a que se refere à promoção da saúde.

A partir de 1980, inúmeras pesquisas sobre a aptidão física relacionada à saúde de crianças e adolescentes foram realizadas nos Estados Unidos. Em 1985, Ross e Gilbert conduziram um estudo em crianças e jovens americanos, de 10 a 17 anos de idade. Foi baseado em três questões gerais, relacionadas a padrões de aptidão e atividade de crianças e jovens americanos: (1) Quão aptos estão os meninos e meninas americanos na faixa etária de 6 a 17 anos? (2) Quais são os padrões de atividade física das crianças e jovens? (3) Como as diferenças nos padrões de atividade física afetam a aptidão física? Por sua vez, Ross e Pate (1987) conduziram um segundo estudo, que contou com crianças de 6 a 9 anos de idade. As informações desse estudo, intitulado *The National Children and Youth Fitness Study* (NCYFS II), sugerem que os programas da época eram inadequados para promover o condicionamento físico ao longo da vida. Os resultados desses dois estudos repercutiram muito na comunidade científica, originando uma série de discussões e novas pesquisas. Um dos resultados desses comentários e discussões foi a criação de critérios sobre os índices de aptidão, classificando os avaliados como abaixo, dentro e acima de níveis saudáveis de aptidão física.

Em 1988, na Conferência sobre Exercício, Aptidão e Saúde, realizada em Toronto, Canadá (Bouchard et al., 1990), foi proposto um modelo (Figura 1.1) que descreve de maneira esquemática as relações complexas entre a atividade física cotidiana, a aptidão física relacionada à saúde, e demais fatores, como hereditariedade, estilo de vida, meio ambiente e fatores pessoais, que afetam e determinam essas relações.

Figura 1.1 Relações complexas existentes entre atividade física cotidiana e aptidão física relacionada à saúde

Fonte: Elaborada com base em Bouchard et al., 1990.

Os anos 1990 foram marcados por pesquisas concernentes à atividade física como prioridade em estudos de saúde pública, e a inatividade física passou a ser considerada um fator de risco primário e independente para doenças cardiovasculares pela American Heart Association – AHA (Fletcher et al., 1992), despertando um interesse crescente e multidisciplinar na pesquisa em atividade física e saúde.

No Brasil, Guedes (1994) e Gaya et al. (1998) fizeram levantamento dos níveis de aptidão física de crianças e adolescentes dos municípios de Londrina (PR) e Porto Alegre (RS). Os resultados causaram muita preocupação aos pesquisadores devido à baixa aptidão física em ambos os sexos.

A partir de 2000, pesquisas populacionais associadas a fatores de risco (doenças crônicas não transmissíveis – DCNT) e atividade física tiveram grande visibilidade e popularidade na educação física e na área de saúde. O novo cenário trouxe para a educação física um maior engajamento de profissionais trabalhando ou pesquisando na área de aptidão física relacionada à saúde nos mais diferentes ambientes: hospitais, clínicas, clubes, escolas, praças e parques, casas de repouso, entre outros. O objetivo se tornou aprimorar a aptidão física, sinônimo de melhor qualidade de vida e ausência/diminuição de DCNT.

As primeiras evidências, em crianças e adolescentes, entre aptidão física e princípio de problemas cardiovasculares e seus fatores de risco foram indicadas nos estudos de Gerber e Zielinsky (1997), Kavey et al. (2003), Pellanda et al. (2002) e Hayman et al. (2004).

1.2 Conceitos e componentes da aptidão física relacionada à saúde

Após entendermos como se deu o surgimento da aptidão física historicamente, agora vamos estudar sobre seu conceito nos diferentes contextos ao longo dos anos.

1.2.1 Conceitos da aptidão física relacionada à saúde

Não existe um consenso entre os autores sobre o termo *aptidão física*. Vejamos, então, alguns dos conceitos mais usados e citados na literatura brasileira e mundial.

A conceituação mais moderna de aptidão física surgiu no final da década de 1960 e início dos anos 1970. Barrow e McGee (1978, tradução nossa) definiram a "capacidade motora geral" como "A capacidade inata ou adquirida de desempenhar destrezas motoras de natureza geral ou fundamental". Esse conceito abrangia todas as qualidades físicas: força, resistência e potência muscular, flexibilidade, agilidade, resistência cardiorrespiratória, velocidade, equilíbrio e coordenação.

Pate (1983, p. 77-78, tradução nossa) apresentou uma conceituação amplamente divulgada na época: "aptidão física é o estado caracterizado pela capacidade de executar atividades diárias com vigor e a demonstração de traços e capacidades associados com o baixo risco de desenvolvimento prematuro de doenças hipocinéticas". O autor ainda "propõe a divisão em aptidão física relacionada ao desempenho atlético e aptidão física relacionada à saúde, esta última englobando os componentes: resistência cardiorrespiratória, composição corporal, força/resistência muscular localizada e flexibilidade".

Guedes (1996, p. 51) define aptidão física em seu capítulo nas *Orientações básicas sobre atividade física e saúde para profissionais das áreas de educação e saúde*, como:

> um estado dinâmico de energia e vitalidade que permite a cada um não apenas a realização das tarefas do cotidiano, as ocupações ativas das horas de lazer e enfrentar emergências imprevistas sem fadiga excessiva, mas, também, evitar o aparecimento das funções hipocinéticas, enquanto funcionando no pico da capacidade intelectual e sentindo uma alegria de viver.

A aptidão física também foi conceituada pela Organização Mundial da Saúde (OMS) como "a capacidade de desempenhar de modo satisfatório trabalhos musculares", compreendendo resistência cardiorrespiratória, força e resistência muscular, flexibilidade e composição corporal, em que estão incluídos: o nível de atividade física habitual, dieta e hereditariedade.

De todos os conceitos aqui apresentados, temos em comum que a **aptidão física** é a capacidade de realizar as atividades cotidianas com tranquilidade e menor esforço. Está relacionada à saúde e também à prática de atividades físicas em vários momentos, pois precisamos de muitas das qualidades físicas para executar diferentes tarefas do dia a dia, coisas simples como guardar a compra de supermercado em um armário que fica localizado na parte debaixo da pia ou dar uma corrida de 20 metros para pegar o ônibus que acabou de sair do ponto.

1.2.2 Componentes da aptidão física relacionada à saúde

São três os componentes da aptidão física relacionada à saúde: (1) composição corporal, (2) aptidão musculoesquelética e (3) resistência cardiorrespiratória (ACSM, 2019). Para muitos pesquisadores em aptidão, a resistência cardiorrespiratória é o componente mais importante da aptidão relacionada à saúde. Ter uma boa aptidão cardiorrespiratória significa realizar um esforço aeróbio com menos sensação de cansaço. Por causa da relevância dos componentes da aptidão para uma boa saúde, considerável atenção tem sido dada à compreensão do desenvolvimento de tais componentes ao longo da vida, especialmente na infância e na adolescência (Guedes; Miranda Neto; Silva, 2011; Bustamante; Beunen; Maia, 2012; Gallahue; Ozmun; Goodway, 2013; Silveira et al., 2020; Tornquist et al., 2022).

Resistência cardiorrespiratória

O médico Kenneth Cooper (1970, citado por Barbanti, 1990, p. 18) chamou a resistência cardiorrespiratória de "capacidade aeróbica" e atribuiu-lhe a seguinte definição: "Aeróbica refere-se a uma variedade de exercícios que estimulam a atividade do coração, dos pulmões durante um período suficientemente longo para produzir mudanças benéficas para o corpo". Correr, nadar, pedalar e caminhar são exercícios tipicamente aeróbicos. Exercícios que demandam grande oxigenação das células recebem o nome de *aeróbicos*. Além da melhoria cardiorrespiratória nas tarefas do cotidiano, esse componente diminui a ocorrência de DCNT, como diabetes e hipertensão arterial, assim como eleva a qualidade de vida do indivíduo (Silveira et al., 2020; Duarte Junior et al., 2021; Tornquist et al., 2022).

Melhorar a capacidade aeróbia de crianças e adolescentes é fundamental, não apenas para resultados imediatos, mas principalmente porque indivíduos que são treinados durante a infância e adolescência apresentam maior capacidade aeróbia durante a fase adulta (Telama et al., 1997; Janz; Dawson; Mahoney, 2002; Pinheiro, 2021).

Na puberdade, os resultados aeróbios registram progresso, sobretudo em razão do aumento de massa magra, maior capacidade do transporte de oxigênio e maior débito cardíaco. A maturação tem influência direta nesses resultados, e os programas de exercícios devem ser estruturados de forma equilibrada entre frequência, intensidade e duração dos exercícios, além dos períodos de recuperação (Pate; Ward, 1990; Oliveira; Bagestão; Sebastião, 2021).

Composição corporal

O segundo componente, não menos importante, é a composição corporal. Quando falamos de composição corporal, é fundamental entendermos a distribuição do peso em nosso organismo. O peso corporal tem dois componentes: (1) peso de gordura e (2) peso de massa magra (músculos, ossos, água). Assim, o que importa no peso total é sua distribuição em nosso organismo: quanto temos de peso em gordura, músculos, água, ossos, por exemplo. Existem pessoas cujo peso aferido na balança é elevado, mas isso não quer dizer que estejam obesas. Possivelmente, isso se deve à sua compleição física (constituição física), ou seja, distintas composições corporais.

Existem três tipos físicos: ectomorfo, mesomorfo e endomorfo. As pessoas **endomorfas** são aquelas com o formato de corpo mais arredondado por causa do maior acúmulo de gordura na região abdominal, corpo com padronagem redonda, físico grande, dificuldade para perder gordura; geralmente têm metabolismo lento e certa dificuldade para definir os músculos. Já as **mesomorfas** são aquelas que apresentam o corpo mais musculoso; seus músculos são mais fibrosos e definidos, com padronagem de corpo retangular, facilidade para ganhar músculos e também gordura. As **ectomorfas** têm o corpo mais magro e menor quantidade de gordura, assim como a massa muscular, ossos pouco densos, peitoral plano, ombros curtos, dificuldade para ganhar peso e metabolismo rápido. Nesses indivíduos com características endomorfas, a gordura localizada, principalmente na região abdominal, representa um risco para doenças cardiovasculares. Importante reforçar que os tipos físicos geralmente são combinados. Um único tipo físico só pode ser observado em pessoas com obesidade mórbida.

Na literatura brasileira e na mundial, há diferentes formas de avaliar a composição corporal, desde simples e com baixo custo a mais completas e com custo elevado. Atualmente, existem balanças que trazem informação da composição corporal dos indivíduos, basta segurar uma barra e computar a data de nascimento e o sexo do indivíduo. A tecnologia dos *scanners*, muito usada por nutricionistas e médicos, também é outra forma de realizar a leitura da composição corporal, porém é uma prática mais cara e pouco acessível, principalmente para efeitos de estudos.

Os métodos de avaliação da composição corporal são divididos em três grupos.

1. O **método direto** tem elevada precisão, utilidade limitada e a análise é realizada por dissecação física ou físico-química de cadáveres.
2. Os **métodos indiretos** são procedimentos laboratoriais que oferecem estimativas muito precisas sobre os componentes da composição corporal. Por exemplo: pesagem hidrostática, plestimografia (estima o volume corporal por meio do deslocamento de ar), absorciometria de raio-x de dupla energia (DXA), tomografia computadorizada (TC) e ressonância magnética (RM). Esses métodos são empregados principalmente para validar as técnicas duplamente indiretas.

3. Os **métodos duplamente indiretos** são baseados nas medidas antropométricas (perímetros corporais e dobras cutâneas) e na bioimpedância elétrica (BIA). Recebem este nome porque as equações são derivadas de métodos indiretos e formuladas com especificidades para atender a diferentes populações, como idosos, adultos, crianças, adolescentes, entre outras.

Veja a seguir os diferentes métodos e suas vantagens e desvantagens.

Quadro 1.1 Vantagens e desvantagens dos métodos de avaliação da composição corporal

Métodos	Vantagens	Desvantagens
Pesagem hidrostática	Considerada "padrão-ouro"; Tempo de teste rápido; Tecnologia mais precisa; Erro de 1,5%.	Pouca praticidade; Alto custo; Requer operadores habilitados e experientes; Não é indicado para pessoas idosas e algumas crianças; Baseia-se na densidade corporal, o que não pode ser acurado em atletas, idosos e outros.
Tomografia computadorizada	Alta acurácia e precisão; Imagens de alta resolução.	Equipamento requer um local adequado para instalação (não é portátil); Procedimento de alto custo e alta exposição radioativa; Necessidade de técnicos especializados para análise da imagem.

(continua)

(Quadro 1.1 – conclusão)

Métodos	Vantagens	Desvantagens
Condutividade elétrica corporal ou Bioimpedância (BIA)	Várias opções de equipamentos portáteis; Não requer alto grau de habilidade técnica do avaliador; Procedimento não invasivo, rápido e de baixo custo.	Método duplamente indireto; A precisão é influenciada pelas especificidades técnicas do equipamento; Resultados são afetados pelo estado de hidratação do avaliado, alimentação, atividade física, temperatura, ciclo menstrual, consumo de álcool e por condições de saúde (por exemplo: nefropatias, hepatopatias, obesidade grave etc.); Nem sempre os equipamentos fornecem resultados brutos de resistência e reactância ou dispõem de equações adequadas.
Raio-x de dupla energia	Alta acurácia e precisão; Procedimento não invasivo com baixa exposição à radiação.	Equipamento requer um local adequado para instalação (não é portátil); Procedimento de alto custo; Demanda por habilidade técnica específica e experiência do operador.
Dobras cutâneas	Baixo custo operacional; Relativa simplicidade de utilização.	Mais de 100 equações que utilizam as medidas de dobras cutâneas e outras medidas antropométricas, como circunferências, para determinação da composição corporal. Dentre as principais equações existentes, podemos tratar como as principais: McArdle, Guedes, Faulkner, Pollock, Yuhasz, Lohman.
Ressonância magnética	Imagens de alta resolução; Procedimento não invasivo e sem utilização de radiação iônica.	Equipamento requer um local adequado para instalação (não é portátil); Procedimento de alto custo; Necessidade de técnicos especializados para análise da imagem.

Para avaliar as dobras cutâneas, recorremos ao instrumento chamado *adipômetro* (Figura 1.2). As dobras cutâneas são espessuras de camadas de pele que se localizam em pontos antropométricos (Figura 1.3) para avaliar a gordura corporal por região do corpo. O objetivo das avaliações físicas é estimar o nível de gordura corporal por meio da espessura da pele aferida (Figura 1.4). Existem vários pontos do nosso corpo onde é possível medir essas dobras.

Figura 1.2 Plicômetro ou adipômetro

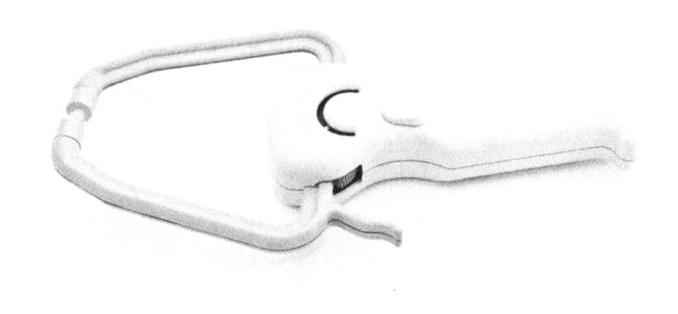

Figura 1.3 Circunferências corporais em ambos os sexos

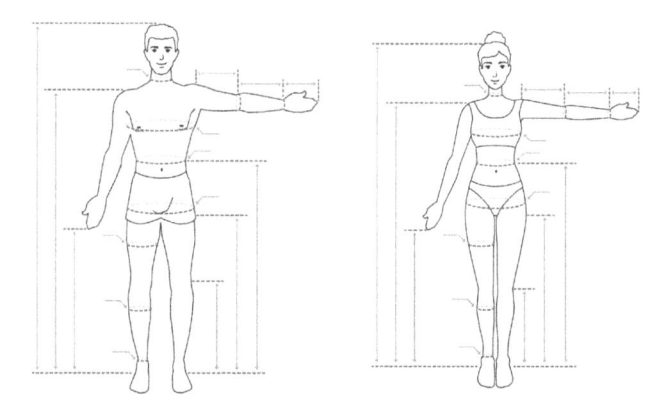

Figura 1.4 Locais de aferição de dobras cutâneas

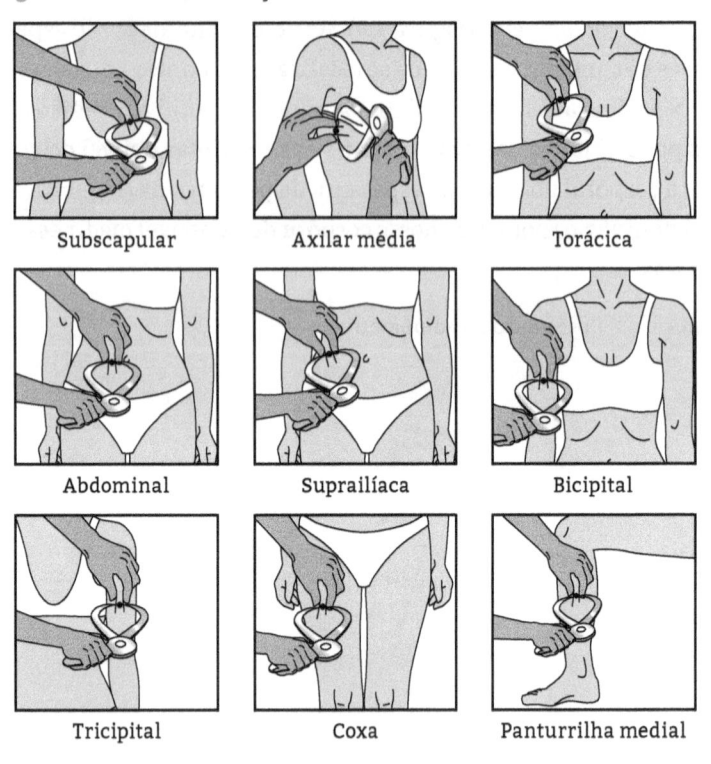

Subscapular	Axilar média	Torácica
Abdominal	Suprailíaca	Bicipital
Tricipital	Coxa	Panturrilha medial

Eduardo Borges

Fonte: NutriAção, 2023.

O índice de massa corporal (IMC) é um indicador importante para diagnosticar a composição corporal em crianças e adolescentes. Pode ser um indicador de fácil aplicação, com baixo custo, simples e não invasivo. É considerado um método frequente em estudos epidemiológicos. Para cálculo do IMC, a sugestão é o *software* da OMS para crianças e adolescentes de 5 a 19 anos e Who Anthro para crianças de 0 a 5 anos. O programa, além de calcular o IMC da criança, mostra as curvas de referências de crescimento. Esses programas são disponibilizados gratuitamente e são de fácil aplicação.

Outra ferramenta utilizada são as curvas de crescimento, que podem ser baixadas no *site* da Sociedade Brasileira de

Pediatria (SBP, 2023), no qual encontramos diferentes referências. Também temos a relação cintura-estatura (RCEst), que é calculada a partir da medida da circunferência da cintura dividida pelo valor da estatura em centímetros. A RCEst tem demonstrado, em diversos estudos nacionais e internacionais, forte relação com fatores cardiovasculares, tanto em adultos como em crianças. Isso é considerado um indicador simples para prever a obesidade abdominal, muitas vezes é mais usado para prever risco que o IMC.

Flexibilidade, força e resistência muscular localizada

A flexibilidade, a força e a resistência muscular localizada fazem parte da chamada *aptidão musculoesquelética*. A flexibilidade é resultante da capacidade elástica demonstrada pelos músculos e tecidos conectivos combinados à mobilidade articular (Chaves; Balassiano; Araújo, 2016). Cada componente da aptidão física relacionada à saúde pode ser aferido separadamente e exercícios físicos específicos e combinados podem ser aplicados para o desenvolvimento de cada um.

Existem dois tipos de flexibilidade a serem conhecidas. A **flexibilidade estática** é a amplitude do movimento de uma articulação sem considerar a velocidade do movimento. Já a **flexibilidade dinâmica** é a habilidade de realizar um movimento rápido dentro da amplitude normal do movimento articular.

Um dos métodos mais empregados na avaliação da aptidão física em flexibilidade é o teste de "sentar e alcançar", de fácil aplicação. A única questão a se considerar nessa aplicação é o período da infância e adolescência, pois o crescimento dos segmentos corporais não ocorre de forma proporcional (Werneck et al., 2018), podendo assim gerar maior dificuldade de interpretação dos reais níveis de flexibilidade em determinada faixa etária. Alguns estudos realizados com o teste de sentar e alcançar identificaram diminuição do desempenho de flexibilidade dos voluntários no início da adolescência (Guedes; Miranda Neto; Silva, 2011; Bustamante; Beunen; Maia, 2012). Possivelmente esses resultados não estão associados à diminuição da flexibilidade, e sim ao maior crescimento dos membros inferiores em relação aos outros segmentos corporais (fase de estirão) (Lamari et al., 2010; Werneck et al., 2018). Além desse, existem outros, como o Teste de Leighton (1966), a Goniometria e o Teste de Beighton-Hóran (1970).

Alguns fatores endógenos influenciam a flexibilidade, entre eles, podemos citar o sexo, a idade, o somatótipo e a individualidade biológica. Em crianças e adolescentes, a flexibilidade comporta-se de forma distinta, conforme estudos de Grahame (2001), Lamari, Chueire e Cordeiro (2005) e Conte et al. (2000). Em adultos, a flexibilidade tende a diminuir com o aumento da idade, porque ocorrem alterações musculoesqueléticas e fisiológicas, havendo um declínio da elasticidade dos tecidos que envolvem as articulações.

A força é a capacidade de exercer tensão contra uma resistência, que ocorre por meio de ações musculares. Ela pode ser classificada em **força isométrica**, quando a contração muscular não gera movimento para o corpo; sendo assim, a força resultante é menor que a gravidade do ambiente. **A força isotônica** (ou **dinâmica**) ocorre quando o músculo mantém o grau de esforço durante todo o movimento, sem influência do sistema de alavancas das articulações. E a **força isocinética** tem como característica principal o movimento realizado com velocidade constante.

Quando se trata de força e treinamento de força em crianças e adolescentes, é preciso ter muita cautela. Como será que a força pode ser trabalhada nessas fases? É importante observar o nível de crescimento e desenvolvimento das crianças e adolescentes, riscos de lesões; e o programa deve sempre estar sob a supervisão de um profissional qualificado. Diversos estudos têm demonstrado que treinamento de força em crianças pode trazer benefícios fisiológicos, anatômicos e psicológicos, além de desenvolver a consciência corporal e estimular uma atitude positiva das crianças com relação à aptidão física. Outro ponto importante que deve receber atenção são as diferenças individuais, nas quais a maturação da criança deve ser respeitada. Brincadeiras com desafios de força respeitam a evolução e o bem-estar das crianças e consistem em uma ótima estratégia para trabalhar a variável.

O estudo de Eckert (1973) registrou maior aumento de força isométrica em meninas com idades de 9 e 10 anos e meninos entre 11 e 12 anos, associado ao estirão de crescimento e ano anterior à menarca em meninas. Outros estudos nas décadas de 1980 e 1990 comprovaram que meninos tiveram aumento de força quando adequadamente treinados, aprimorando a coordenação motora, o desempenho esportivo e a composição corporal (diminuição da massa gorda e ganho de massa magra) (Meyer et al., 1998; Pfeiffer; Francis, 1986; Weltman et al., 1986).

Quadro 1.2 Diretrizes para o treinamento de força em crianças, segundo entidades

	Bases (2004)	ACSM (2002)	AAP (2001)
Objetivos	Fornecer subsídios aos profissionais que trabalham com crianças e adolescentes.	Encorajar um estilo de vida saudável através do treinamento de força.	Informar os benefícios e os riscos do treinamento de força para crianças e adolescentes.
Benefícios	Ganhos na força muscular em todos os estágios da maturidade.	Ganhos na força muscular; melhora das habilidades motoras; menor taxa de lesões comparadas aos desportos de contato.	Aumento da força muscular em pré-adolescentes.

(continua)

(Quadro 1.2 – conclusão)

	Bases (2004)	ACSM (2002)	AAP (2001)
Problemática	Lesões relacionadas à falta de supervisão e instrução ou técnica inadequada.	Lesões relacionadas à falta de supervisão e instrução ou técnica inadequada.	Lesões nas epífises em levantadores de peso imaturos esqueleticamente.
Recomendações	50-100% do esforço máximo; 2-3 séries de 6-15 repetições; 2 vezes por semana.	Iniciantes carga leve; 1-3 séries de 6-15 repetições; 2 a 3 vezes por semana.	Início sem carga; 8-15 repetições de 20-30 minutos; 2 a 3 vezes por semana.

Fonte: Borin et al., 2007, p. 94.

McArdle, Katch e Katch (2003) fazem recomendações prudentes para iniciar um treinamento de força com crianças e adolescentes. Apesar de não ser objetivo deste trabalho, pensamos ser importante evidenciá-las.

Quadro 1.3 Considerações por idade sobre treinamento de força

Idade (anos)	Considerações
7 ou menos	Introduzir a criança aos exercícios básicos com pouco ou nenhum peso; elaborar o conceito de uma sessão de treinamento; ensinar as técnicas dos exercícios; progredir de calistenia com utilização do peso corporal; exercícios com parceiro e exercícios levemente assistidos; manter o volume baixo.
8-10	Aumentar gradualmente o número de exercícios; praticar a técnica (postura) do exercício em todos os levantamentos; começar com uma carga progressiva e gradual dos exercícios; proporcionar exercícios simples; aumentar gradualmente o volume do treinamento; monitorar com extremo cuidado a tolerância ao estresse do exercício.

(continua)

(Quadro 1.3 – conclusão)

Idade (anos)	Considerações
11-13	Ensinar todas as técnicas básicas dos exercícios; prosseguir com uma carga progressiva de cada exercício; enfatizar as técnicas dos exercícios; introduzir exercícios mais avançados com pouca ou nenhuma resistência.
14-15	Progredir para programas mais avançados [...]; acrescentar componentes específicos para cada desporto; enfatizar as técnicas do exercício; aumentar o volume.
16 ou mais	Conduzir [...] para programas de adultos de nível inicial depois que todo o conhecimento básico foi dominado e que foi conseguido um nível elementar de experiência com o treinamento.

Fonte: McArdle; Katch; Katch, 2003, p. 524.

1.3 Idade cronológica × idade biológica

Primeiramente, é importante definirmos a idade cronológica e biológica. A idade cronológica está relacionada ao tempo de vida da criança ou do adolescente, já a biológica está vinculada ao estado do organismo, a saber, o processo de maturação, que é qualitativo e espera-se que seja contínuo até o auge da maturidade. Nas crianças podem diferir anos em aspectos anatômicos, biológicos e esportivos, dependendo do estímulo e meio em que vivem.

A maturação biológica não ocorre necessariamente no mesmo tempo da idade biológica (Werneck et al., 2018). Para determinar a idade biológica, são utilizadas as variáveis: estado do sistema esquelético, desenvolvimento das características sexuais primárias e secundárias, estatura e massa corporal. Gallahue (1989) propôs para a idade cronológica a seguinte classificação: vida pré-natal (concepção a 8 semanas de nascimento); primeira infância (1 mês a 24 meses do nascimento); segunda infância (24 meses a 10 anos); adolescência (10-11 anos a 20 anos); adulto jovem

(20 a 40 anos); adulto de meia-idade (40 a 60 anos); e adulto mais velho (acima de 60 anos).

A idade cronológica é a idade determinada pela diferença entre certo dia e a data de nascimento da criança ou do adolescente. Essa determinação da idade cronológica é um procedimento que pode levar ao erro metodológico por não garantir um grande poder discriminativo quando esses dados são utilizados em pesquisas científicas; por isso, é importante avaliar a idade biológica também, por exemplo, através da maturação biológica. A idade biológica pode ser determinada pelo nível de maturação dos diversos órgãos que compõem o ser humano. A determinação da idade biológica pode ser feita por meio da avaliação das idades mental, óssea, morfológica, neurológica, dental e sexual, o que possibilita que se classifiquem, basicamente, três grupos: pré-púbere, púbere e pós-púbere (Araújo, 1985). Para Malina, Bouchard e Bar-Or (2004), os indicadores mais usados para determinar a maturação biológica nos estudos de crianças e adolescentes são a maturação esquelética e o desenvolvimento das características sexuais secundárias, ou seja, a maturação sexual. Tanner (1962) propôs uma classificação em que as características sexuais secundárias – como pelos axilares, pelos pubianos e desenvolvimento escrotal para o sexo masculino, e desenvolvimento mamário, pelos pubianos e menarca para o sexo feminino – poderiam ser utilizadas para avaliar a idade biológica de crianças e adolescentes.

Veremos essa classificação mais detalhadamente no Capítulo 4, pois ela é muito importante nos estudos que dizem respeito à criança, ao adolescente e ao exercício, pois possibilita distinguir, de forma mais clara, as adaptações morfológicas e funcionais resultantes de um programa de treinamento das modificações observadas no organismo decorrentes do processo de maturação, principalmente intensificado durante a puberdade.

A maturação esquelética é a transformação do esqueleto cartilaginoso até os ossos se calcificarem totalmente, é um processo identificável durante a infância e adolescência. Na fase adulta os ossos devem estar totalmente calcificados. O processo de ossificação acontece de forma específica no osso, de dentro para as extremidades. Por essa razão, a avaliação do desenvolvimento ósseo é um importante recurso para avaliar o processo de crescimento.

A avaliação da idade óssea se dá por exame de raio X, considerado um recurso eficiente. Para a análise do volume de carpo, eixo de inércia e média de sua densidade, utiliza-se a tomografia computadorizada. O exame radiológico, além de prever o crescimento ósseo, é primordial para averiguar desordens do crescimento. Crianças muito altas ou baixas requerem tratamentos, bem como outros diagnósticos que envolvem glândulas pituitárias, tireoide e gônadas. Crianças mais altas ou mais baixas, no ambiente escolar, são fáceis de serem observadas quando comparadas a seus pares; por isso, é importante a avaliação de peso/estatura, pelo menos uma vez ao ano nos anos iniciais, para que a escola possa ajudar as famílias no encaminhamento dessas crianças a um especialista.

O ser humano leva duas décadas para alcançar a idade adulta e metade desse tempo permanece em processo de maturação. No decorrer de sua vida, passa por várias etapas: embrião, recém-nascido, criança, adolescente, adulto e idoso. Essas mudanças são um somatório de três funções básicas inerentes a todo o processo: o crescimento, o desenvolvimento e a maturação.

1.3.1 Crescimento

Segundo Araújo (1985), o crescimento pode ser definido como "as mudanças normais na quantidade de substância viva". O crescimento é aferido por unidade de tempo, pois tem características quantitativas. Um exemplo disso é a aferição da estatura, que avalia o quanto em centímetros uma criança cresceu no período de um ano. O crescimento deve enfatizar as mudanças esperadas durante o processo de desenvolvimento, também podendo apresentar resultados como diminuição ou aumento. Geralmente as mudanças acontecem de forma gradual, de um nível mais simples para um mais complexo, iniciando na fase embrionária até a morte. Além do estado físico, as alterações perpassam as variáveis cognitivas e emocionais. Gallahue e Ozmun (2003, p. 30) definiram o crescimento como "o aumento na estrutura corporal realizado pela multiplicação ou aumento das células; o desenvolvimento como um processo contínuo de mudanças no organismo humano que se inicia na concepção e se estende até a morte".

A adolescência é uma fase da vida afetada por aspectos biológicos (o fim da infância é marcado pelo início da maturação sexual) e culturais (o fim da adolescência e o início da fase adulta são marcados pela independência emocional e financeira da família). O início da adolescência registra um aumento acelerado no peso e na estatura. A idade de início, a duração e a intensidade do estirão de crescimento são determinadas geneticamente e variam de indivíduo para indivíduo. O genótipo e o fenótipo são os responsáveis pelos limites de crescimento individual.

1.3.2 Desenvolvimento

Na adolescência, precisamos considerar diferentes tipos de desenvolvimento: físico, cognitivo, emocional, social e moral. No desenvolvimento físico ocorre a liberação de certos hormônios no cérebro, que são os mesmos em todos os adolescentes, mas diferenças nos níveis hormonais levam a resultados distintos em meninos e meninas.

O **desenvolvimento cognitivo** diz respeito às alterações cerebrais, em que se dão os processos de pensamento e aprendizagem.

Está também relacionado à capacidade crescente de percepção, avaliação e controle de emoções em adolescentes. É um processo biológico impulsionado por mudanças físicas e cognitivas e fortemente influenciado pelo contexto e ambiente, além de oferecer aos adolescentes a oportunidade de desenvolver habilidades, descobrir qualidades únicas e forças para uma vida saudável.

O **desenvolvimento social** é constituído por interações com as pessoas fora do círculo familiar, o que ensina aos adolescentes como manter relacionamentos saudáveis em diferentes contextos e identificar papéis que eles podem desempenhar na comunidade em geral, estabelecendo nova identidade fora da conjuntura familiar. Nessa fase, a capacidade de exercer empatia e de apreciar as diferenças únicas entre as pessoas aumenta; os adolescentes também começam a expressar algumas emoções complexas, examinar suas experiências internas e expressar suas emoções verbalmente.

No **desenvolvimento moral**, os adolescentes começam a entender que nem toda pergunta tem uma resposta clara. À medida que desenvolvem empatia, passam a compreender por que outras pessoas fazem escolhas diferentes e entendem melhor essas opções. O pensamento abstrato significa que os adolescentes podem sentir mais plenamente como as regras estão vinculadas a ideias como justiça, bem coletivo e segurança. Assim, podem pensar mais sobre o que é certo e o que é errado, qual deve ser seu papel no mundo e o que devem fazer quando enfrentam dilemas morais pessoais. Eles podem gastar tempo explorando suas próprias tradições religiosas mais profundamente, bem como observando outras religiões, filosofias e formas de espiritualidade.

O Estatuto da Criança e do Adolescente (ECA) – criado pela Lei n. 8.069, de 13 de julho de 1990 (Brasil, 1990) –, no Brasil, considera a adolescência a faixa etária dos 12 até os 18 anos de idade completos, sendo esse documento considerado referência, desde 1990, para criação de leis e programas que asseguram os direitos dessa população.

Apesar de a adolescência ser considerada um período turbulento por pais e professores, é também um período de grande potencial para que os adolescentes se engajem mais no mundo que os cerca. Adolescentes normalmente crescem fisicamente, experimentam novas atividades, como no mundo do trabalho, são mais críticos e estabelecem relacionamentos mais variados e complexos.

Para a OMS (WHO, 2010a), a adolescência é dividida em três fases:

1. Pré-adolescência – dos 10 aos 14 anos;
2. Adolescência – dos 15 aos 19 anos;
3. Juventude – dos 15 aos 24 anos.

1.3.3 Maturação

Gallahue e Ozmun (2003, p. 23) definiram a maturação como "mudanças qualitativas que capacitam o organismo a progredir para níveis mais altos de funcionamento e que, vista sob uma perspectiva biológica, é fundamentalmente inata, ou seja, é geneticamente determinada e resistente à influência do meio ambiente". Por exemplo, quando uma criança passa da fase de sentar para ficar em pé. A fase em que o ser humano mais enfrenta modificações quanto à maturação biológica é a puberdade.

A puberdade inicia-se em diferentes idades entre em meninos e meninas. Em meninas, essa fase geralmente começa entre os 8 e 13 anos de idade; nos meninos, entre os 9 e 14 anos. Os primeiros sinais da puberdade são os caracteres sexuais secundários, mudança na composição corporal e desenvolvimento do sistema cardiorrespiratório; é importante lembrar que se observa também o desenvolvimento social e mental. A idade cronológica é a idade determinada pela diferença entre um dado dia e o dia do nascimento do indivíduo.

Figura 1.5 Sinais físicos da puberdade

Os processos dependem de alterações fisiológicas e bioquímicas importantes, além de fatores biológicos, psicológicos e culturais, sobretudo na adolescência. Durante a adolescência, verifica-se o processo de estirão do crescimento, que é influenciado por elementos genéticos e fatores ambientais. Nas meninas, a ocorrência da menarca ou menstruação é um marco da maturação, e o estado nutricional pode contribuir para sua ocorrência. A subnutrição e a deficiência iônica também têm papel preponderante. A média de idade mundial de menarca sofre grande variedade devido a fatores genéticos, nutricionais, étnicos, sanitários e ambientais e socioeconômicos.

Nos meninos, a espermatorreia é a primeira ejaculação involuntária. No início da adolescência ocorre aumento rápido de estatura e peso. A velocidade de crescimento depende de fatores genéticos e é muito individual de organismo para organismo. Na mesma lógica, o desempenho de certas tarefas motoras pode sobressair em crianças que têm o seu padrão de crescimento maduro mais rápido.

No processo de maturação, a atividade física desempenha um papel relevante, e a ausência dessa prática pode reduzir as funções fisiológicas fundamentais em até 50%, como a capacidade aeróbica, a força muscular e do sistema imunológico. Por isso, é essencial praticar atividade física em qualquer tempo da vida.

Existe a preocupação com a diminuição da prática de atividade física no período da adolescência que parece ser mais associado com a idade biológica do que com a idade cronológica. Os jovens nessa faixa etária têm outras preocupações, como a inserção no ambiente do trabalho (Ortiz; Colussi, 2021). No mundo, 80% de crianças e adolescentes entre 11 e 17 anos de idade não realizam atividade física suficiente, e o Brasil acompanha esse número. No cenário mundial, constata-se uma diferença sobre inativos fisicamente entre gêneros de 85% em meninas e 78% em meninos (OMS, 2019). Reduzida a atividade física, podem decair os níveis de aptidão física.

1.4 Aspectos éticos da avaliação física em crianças e adolescentes

Nesta seção, estudaremos pontos relevantes concernentes a avaliações em crianças e adolescentes, que devem ser observados e seguidos rigorosamente. Crianças e adolescentes são considerados vulneráveis e precisamos estar muito atentos a qualquer tipo de avaliação para não os expor. Existem resoluções específicas para essa população a ser conhecida e estudada.

1.4.1 Histórico dos aspectos éticos

A avaliação física em crianças e adolescentes deve obedecer a aspectos éticos. Pesquisadores que trabalham com crianças e adolescentes enfrentam dilemas que pesam, de um lado, os avanços da ciência e, de outro, o fato de colocá-los em risco em alguns tipos de pesquisas, mesmo sabendo que o envolvimento dessa população pode trazer benefícios à saúde e ao bem-estar. Esse dilema é muito antigo, data aproximadamente do ano de 1796, logo que foram iniciados os primeiros estudos com vacinas. Na época, teve início com a vacina da varíola e, em seguida, Pasteur (1885) testou a vacina antirrábica. Em 1891, Carl Jonson testou sua vacina em 14 crianças órfãs, apesar de o procedimento padrão recomendar o teste em bezerros, mas, segundo o pesquisador, estes "eram muito caros". Esta e outras declarações no período causaram muitas indignações, discutindo a pertinência das pesquisas em crianças. Somente em 1964, através da Declaração de Helsinki (World Medical Association, 2022), foi aberta a possibilidade da participação de menores de idade em projetos de pesquisa em saúde, desde que houvesse consentimento de seu responsável legal e, mais recentemente, assentimento da criança ou do adolescente, na medida de sua capacidade de entendimento da pesquisa (Kipper, 2016).

Na legislação brasileira, a Resolução n. 1, de 13 de junho de 1988, do Conselho Nacional de Saúde (CNS) estabelecia que: "quando existir capacidade de compreensão, deve-se também obter a anuência dos indivíduos (menores de 18 anos), além do consentimento de seu representante legal" (Brasil, 1988). Depois, a Resolução n. 41, de 13 de outubro de 1995, do Conselho Nacional dos Direitos da Criança e do Adolescente instituiu "o direito de crianças e adolescentes não serem objetos de ensaio clínico, provas diagnósticas e terapêuticas sem consentimento informado de seus pais ou responsáveis, e o seu próprio, desde que tenha discernimento para tal" (Brasil, 1995). Já a Resolução n. 196, de 10 de outubro de 1996, do CNS determinou "que crianças e adolescentes têm o direito de serem informados, no limite de sua capacidade – embora sem que possam tomar parte no processo de consentimento propriamente dito –, e que o consentimento para sua participação em pesquisa deve ser dado por seus representantes legais" (Brasil, 1996).

Em 1997, através da Resolução n. 251, de 7 de agosto de 1997, do Ministério da Saúde (Brasil, 1997), as crianças e os adolescentes puderam participar mais ativamente do processo de consentimento informado, na medida de sua capacidade. A Resolução n. 466, de 12 de dezembro de 2012, do CNS estabeleceu que: "em pesquisas cujos convidados sejam crianças, deverá haver justificativa clara de sua escolha, especificada no protocolo e aprovada pelo Comitê de Ética em Pesquisa (CEP), e pela Comissão Nacional de Ética em Pesquisa (Conep), quando pertinente" (Brasil, 2013).

Ao longo dos anos, pesquisas realizadas em crianças e adolescentes evoluíram para proteger essa população considerada vulnerável. Hoje, qualquer avaliação física com objetivo de publicação, coleta de dados, deve ser submetida ao Conselho de Ética da entidade responsável pela unidade, além da assinatura dos termos de assentimento e consentimento.

1.4.2 Pontos importantes de uma pesquisa científica com crianças e adolescentes

Pesquisas com crianças demandam uma preocupação ética ampliada, por se tratar de participantes em condição singular de crescimento e desenvolvimento, portanto, podem ser consideradas mais vulneráveis a danos decorrentes de investigações. Quando pesquisas ocorrem em meio hospitalar, por exemplo, agregam-se ainda mais dificuldades, uma vez que a realização de procedimentos invasivos e dolorosos nas crianças para fins de diagnóstico e tratamento dificulta a aproximação do pesquisador com os participantes da pesquisa. Diversos pesquisadores têm discutido sobre a forma adequada de respeitar a autonomia de crianças participantes de estudos no campo da saúde, propondo o uso de métodos não textuais (em forma de carta com linguagem técnica) para explicar o estudo, definição minuciosa da faixa etária e estabelecimento de uma relação de confiança entre os envolvidos (Miranda et al., 2017).

O termo de assentimento é assinado pela criança, que confirma o aceite em participar da pesquisa (coleta), e pode ser usado para a efetivação da autonomia infantil diante da escolha em participar ou não da investigação. Segundo a Conep (Brasil, 2013, p. 3), ele deve ser um "documento elaborado em linguagem acessível para os menores ou legalmente incapazes, por meio do qual, após os participantes da pesquisa serem devidamente esclarecidos, explicitarão sua anuência em participar da pesquisa, sem prejuízo do consentimento de seus responsáveis legais" e tem como conceito, ainda de acordo com a Conep (Brasil, 2013, p. 2):

> *anuência do participante da pesquisa, criança, adolescente ou legalmente incapaz, livre de vícios (simulação, fraude ou erro), dependência, subordinação ou intimidação. Tais participantes devem ser esclarecidos sobre a natureza da pesquisa, seus objetivos, métodos, benefícios previstos, potenciais riscos e o incômodo que esta possa lhes acarretar, na medida de sua compreensão e respeitados em suas singularidades.*

Não existe um modelo específico de termo de assentimento, e essa é uma das queixas de muitos pesquisadores, principalmente porque se veem na literatura termos de assentimento descritivos, com linguagem de difícil entendimento para crianças. Por outro lado, alguns pesquisadores preparam termos com figuras de fácil compreensão, sobretudo dos procedimentos a serem realizados. Construir um termo de assentimento adequado à cada faixa etária deve ser levado em consideração.

Obter o termo de consentimento dos pais ou responsáveis pelo menor também é muito importante e sinal de respeito à dignidade do participante. Os procedimentos devem estar muito bem esclarecidos na carta à família e à escola ou entidade em que serão aplicadas as avaliações. Outro cuidado que os pesquisadores devem ter é quanto às coletas; sugere-se sempre realizar em duplas e não submeter o adolescente ou a criança a constrangimento. Caso ele não queira realizar o teste, mesmo com os termos de assentimento e consentimento assinados, o profissional deve respeitar a decisão. Deve-se sempre ponderar os riscos e benefícios do estudo e sua relevância social.

Outro ponto relevante quando falamos de aspectos éticos é a não discriminação na seleção dos indivíduos nem a exposição a riscos desnecessários na coleta de dados. Quando forem crianças ou adolescentes, entende-se que são grupos vulneráveis, ou seja, com capacidade reduzida de decisões. Se for esse o caso, é preciso justificar o envolvimento desses grupos na pesquisa.

Na seção de método do projeto, devem ser descritas as técnicas, os procedimentos, os equipamentos e materiais necessários para a realização do estudo. Deve haver, ainda, o detalhamento das medidas para proteção ou minimização dos riscos previsíveis. O mesmo vale para possíveis riscos aos pesquisadores, se não for o caso, também deve ser sinalizado que não há riscos.

Outro aspecto relevante é a descrição das medidas que serão adotadas para proteção à confidencialidade, com particular ênfase para as pesquisas em que houver coleta de informações confidenciais e sigilosas. Assim, deve-se declarar explicitamente se dados e materiais obtidos dos sujeitos (crianças em especial) serão tornados anônimos. O projeto deve contemplar também os fundamentos teóricos, as informações relativas aos sujeitos da pesquisa, as instituições envolvidas e a qualificação de cada pesquisador. Todas as informações devem ser claras, concisas e não repetitivas.

Para aqueles estudantes ou profissionais que desejarem realizar pesquisa, o Governo Federal disponibiliza uma plataforma para registro de projetos de pesquisas que envolvam seres humanos nos CEPs em todo o país, chamada Plataforma Brasil.

Segundo a Resolução n. 466/2012, cabe aos Comitês de Ética em que a pesquisa irá ser submetida:

> avaliar protocolos de pesquisa envolvendo seres humanos, com prioridade nos temas de relevância pública e de interesse estratégico da agenda de prioridades do SUS, com base nos indicadores epidemiológicos, emitindo parecer, devidamente justificado, sempre orientado, dentre outros, pelos princípios da impessoalidade, transparência, razoabilidade, proporcionalidade e eficiência, dentro dos prazos estabelecidos em norma operacional, evitando redundâncias que resultem em morosidade na análise; desempenhar papel consultivo e educativo em questões de ética; elaborar seu Regimento Interno. (Brasil, 2013)

Para saber mais sobre o Sistema CEP/Conep e submeter projetos de pesquisa, faça uma boa leitura da Resolução n. 466/2012 (Brasil, 2013).

1.5 Importância e objetivos da avaliação de aptidões físicas

O Colégio Americano de Medicina Esportiva (ACSM, 2011) considera que a aptidão física na infância e na adolescência é fundamental em várias instâncias, como escolas, comunidades, estados e organizações nacionais, que devem adotar uma aproximação lógica, consistente e científica. O objetivo da avaliação física deve estar atrelado à saúde, e não à forma física. Vale lembrar que a aptidão física é a capacidade de realizar as atividades cotidianas, tem relação direta com à saúde, prática de atividades físicas e realização de tarefas do dia a dia.

Por meio da avaliação da aptidão física é possível reunir elementos para fundamentar a decisão sobre o método, tipo, intensidade e volume do exercício e demais procedimentos a serem adotados na prescrição de exercícios físicos e encaminhamentos esportivos para crianças e adolescentes. Outro objetivo é diagnosticar os pontos fortes e fracos da criança e do adolescente, além de verificar o condicionamento físico, o que viabiliza reunir informações importantes para a elaboração de programas de aulas/treinos para essa população.

O teste de aptidão física é um componente de destaque dos programas de aptidão física. A escola e a comunidade, bem como as organizações em níveis municipal, estadual e federal, devem assumir uma abordagem lógica, consistente e cientificamente embasada para realizar o teste de aptidão física. Devemos considerar também que características como velocidade, potência muscular e agilidade são componentes importantes, porém eles sofrem influência genética (Rodrigues, 2018). Por isso, não se deve esquecer desta última variável que pode influenciar os resultados.

A aptidão física possui onze componentes, seis deles referentes à saúde e cinco à habilidade. Todos os componentes são importantes para um bom desempenho na atividade física, inclusive no esporte. Seis desses componentes são referidos como contribuidores para a aptidão física relacionada à saúde porque os pesquisadores mostraram que podem reduzir o risco de doenças crônicas e promover boa saúde e bem-estar. As partes do condicionamento físico são a composição corporal, resistência cardiorrespiratória, flexibilidade, resistência muscular, potência e força, responsáveis pelo funcionamento do organismo de forma eficaz nas atividades diárias.

Já os componentes de aptidão física relacionados às habilidades ajudam o organismo a ter bom desempenho em esportes e outras atividades que exigem habilidades motoras. Por exemplo, a velocidade ajuda em esportes como o atletismo. Esses cinco componentes da aptidão física também estão ligados à saúde, mas menos do que os componentes relacionados diretamente à saúde.

A aptidão física em crianças tem alta correlação com fatores como estilo de vida e comportamentos padrões (Dumuid et al., 2017). Esses componentes relacionam-se intimamente com a qualidade de vida, tanto em crianças e adolescentes não atletas como em atletas, sendo que padrões classificados como abaixo do normal aumentam o risco de desenvolver doenças crônico-degenerativas. Desses componentes, podemos dizer que a flexibilidade é um dos mais importantes, sobretudo em crianças, pois a baixa flexibilidade associa-se com a baixa resistência abdominal, o que pode gerar desvios posturais e lombalgias (veremos no Capítulo 4). Os benefícios de uma boa flexibilidade são ainda maiores para crianças pré-púberes, sendo que a maior mobilidade articular em crianças e adolescentes favorece a aprendizagem de gestos e movimentos vinculados ao esporte. Soma-se a esse componente a capacidade cardiorrespiratória (consumo de oxigênio), que se associa à diminuição dos riscos cardiometabólicos; para muitos pesquisadores, ela é uma das variáveis mais importantes entre as da aptidão física quando relacionada à saúde.

1.5.1 Avaliação da aptidão física em crianças e adolescentes

Neste ponto, podemos fazer os seguintes questionamentos: É importante avaliar a aptidão física em crianças e adolescentes? E em que momento devemos realizar essa avaliação?

A literatura tem mostrado que a escola é o melhor local para iniciar programas e avaliações com crianças e adolescentes. Pesquisadores estão convencidos da importância da avaliação da aptidão física nessa população. No entanto, são poucas instituições de ensino que ainda realizam avaliações de aptidão física nas aulas de Educação Física. Vale a pena enfatizar que crianças com baixo nível de aptidão física têm a tendência a apresentar níveis insuficientes na idade adulta. Logo, é primordial que haja conscientização por parte dos profissionais da educação física que atuam em escolas para o desenvolvimento de programas com o propósito de avaliar e, se possível, melhorar a aptidão física em crianças e adolescentes.

Há uma infinidade de atividades físicas que crianças e adolescentes podem realizar para ter uma boa aptidão física. Importante lembrar que não se pode trabalhar apenas um componente de forma isolada. Por exemplo, um adolescente que é atleta de corrida de resistência precisa trabalhar outros componentes que não somente a aptidão cardiorrespiratória para que ele tenha uma boa aptidão física.

Estudos demonstraram que a aptidão física está associada à qualidade do sono em crianças (Vriend et al., 2015; De Bruin et al., 2017). A duração do sono e a atividade física podem ter um efeito interativo na obesidade infantil; enquanto isso, atividade física adequada e duração de sono suficiente podem controlar efetivamente a prevalência de obesidade e manter a aptidão física (Carson et al., 2017).

Síntese

Quadro 1.4 Fundamentos gerais de aptidão física e saúde na infância e na adolescência

Seções do capítulo	Objetivos e pontos importantes	Conceitos, autores e elementos que subsidiaram a discussão
1.1. Aspectos históricos da aptidão física Aqui, estudante, você conseguirá entender como a aptidão física surgiu e foi se reinventando ao longo da história, além de sua importância na construção da sociedade mundial. Também as principais escolas que estiveram à frente de todas essas transformações a cada década.	Aspectos históricos da aptidão física.	Aspectos históricos da aptidão motora e física ao longo dos anos até os dias atuais; Aptidão motora no período da Segunda Guerra Mundial; Aptidão física a partir da década de 1970; Contribuições de Kenneth Cooper ao longo da história; Aptidão física relacionada à saúde no Brasil na década de 1990.

(continua)

(Quadro 1.4 – continuação)

Seções do capítulo	Objetivos e pontos importantes	Conceitos, autores e elementos que subsidiaram a discussão
1.2. Conceitos e componentes da aptidão física relacionada à saúde.	Aptidão física relacionada à saúde; Conceitos de diferentes organizações e autores; Componentes da aptidão física relacionada à saúde.	Conceitos de aptidão física: Barrow e McGee (1978); Pate (1983); Barbanti (1990); Guedes (1996); Componentes da aptidão física relacionada à saúde: flexibilidade, força e resistência muscular localizada, composição corporal; resistência aeróbica; composição corporal; flexibilidade e força.
1.3. Idade cronológica × idade biológica.	Conceito de idade biológica e cronológica.	Diferenças entre idade cronológica e biológica: Idade cronológica está relacionada ao tempo de vida da criança ou do adolescente; Idade biológica está relacionada à maturação; Principais indicadores para determinar a idade biológica: exame radiológico, conhecido por *maturação esquelética*; a maturação biológica, através de transformações corporais (características sexuais secundárias). Por exemplo: teste proposto por Tanner (1962).

(Quadro 1.4 – conclusão)

Seções do capítulo	Objetivos e pontos importantes	Conceitos, autores e elementos que subsidiaram a discussão
1.4. Aspectos éticos da avaliação física em crianças e adolescentes.	O Comitê de Ética avalia a submissão da pesquisa sobre a viabilidade e se atende ou não à resolução do Conselho Nacional de Ética em Pesquisa (Conep) em vigência; Termo de assentimento para a criança ou o adolescente; Termo de consentimento para os pais ou responsáveis.	Conceitos e pontos importantes a serem considerados durante a avaliação física em crianças e adolescentes, por exemplo: a criança ou o adolescente pode recusar participar de uma avaliação mesmo com o consentimento dos seus responsáveis.
1.5. Importância e objetivos da avaliação de aptidões físicas.	Por que avaliar a aptidão física? Diagnóstico; Prescrição de exercícios físicos.	Reunir elementos para fundamentar a decisão sobre o método, tipo, intensidade e volume do exercício e demais procedimentos a serem adotados para a prescrição de exercícios físicos e encaminhamentos esportivos para crianças e adolescentes; Testes de aptidão física.

Atividades de autoavaliação

1. Qual alternativa indica corretamente todos os componentes da aptidão física relacionada à saúde?
    a) Composição corporal, aptidão musculoesquelética e resistência anaeróbia.
    b) Composição corporal, aptidão musculoesquelética e resistência aeróbia.

c) Composição corporal, aptidão musculoesquelética e resistência cardiorrespiratória.
d) Composição corporal e resistência cardiorrespiratória.
e) Nenhuma das respostas anteriores.

2. Para realizar o cálculo do índice de massa corporal (IMC) em crianças, quais variáveis são importantes considerar? Marque a alternativa mais completa.

a) Peso, estatura e idade.
b) Peso, estatura, idade e sexo.
c) Peso e estatura.
d) Peso, estatura, percentual de gordura e circunferência da cintura.
e) Peso.

3. Identifique a sentença correta sobre as considerações de trabalho de força em crianças e adolescentes:

a) Aos 16 anos, conduzir os adolescentes para programas de adultos em nível inicial depois que todo o conhecimento básico foi dominado e se atingiu o nível elementar de experiência com o treinamento.
b) Dos 14 aos 15 anos, progredir para programas mais leves, acrescentar programas específicos para cada desporto, enfatizar as técnicas dos exercícios e aumentar o volume.
c) Dos 8 aos 10 anos, diminuir gradualmente o número de exercícios, praticar a técnica (postura) de diferentes exercícios com pesos, aumentar gradualmente o volume de exercícios e monitorar com cuidado e tolerância o estresse do exercício.
d) Dos 7 anos ou menos, introduzir a criança nos exercícios básicos com muito peso, elaborar uma sessão de treinamento, ensinar as técnicas dos exercícios, exercícios em duplas, exercícios utilizando o seu peso corporal e do colega e manter o volume alto.
e) Todas as alternativas anteriores são verdadeiras.

4. Sobre as idades cronológica e biológica, qual sentença a seguir pode ser considerada **incorreta**?

   a) A atividade física pode reduzir a perda das funções fisiológicas fundamentais em até 50%, como a capacidade aeróbica, força muscular e sistema imunológico.

   b) A maturação biológica não ocorre necessariamente no mesmo tempo da idade biológica.

   c) Existe preocupação com o declínio da atividade física no período da adolescência, que parece ser mais associado à idade biológica do que à idade cronológica.

   d) A idade cronológica está relacionada ao tempo de vida da criança ou do adolescente, já a biológica está relacionada ao estado do organismo, o processo de maturação.

   e) A idade biológica está relacionada ao tempo de vida da criança e a cronológica está mais relacionada ao processo de maturação.

5. Sobre os aspectos éticos da avaliação física em crianças e adolescentes, quais são os documentos necessários para realizar pesquisas com essa população?

   a) Termo de consentimento e termo de assentimento.

   b) Termo de consciência corporal.

   c) Declaração de direitos autorais.

   d) Declaração de anuência.

   e) Termo de imagem e divulgação dos dados.

6. Analise as afirmações a seguir e assinale a alternativa **incorreta**.

   a) A aptidão motora refere-se ao desempenho físico, como correr, saltar, nadar, levantar pesos e resistir a diferentes situações de guerra.

   b) Kenneth Cooper foi o criador do Método de Cooper.

   c) Aptidão motora e aptidão física têm conceitos semelhantes, porém, momentos diferentes ao longo da história.

d) Os primeiros estudos sobre aptidão física iniciaram no ano 2000 devido ao grande aumento do sedentarismo.

e) A inatividade física hoje atinge mais da metade dos adolescentes no mundo.

7. (ENADE, 2010) Segundo o ACSM (2008), a avaliação de uma vida saudável pode ser feita por meio da análise das cinco pontas da estrela de excelência, que é composta pelas seguintes valências: resistência muscular, composição corporal, capacidade cardiorrespiratória ($VO_{2máx}$), flexibilidade e índice de massa corporal (IMC).

Observe o gráfico abaixo, que representa os resultados da aplicação de um programa de atividade física

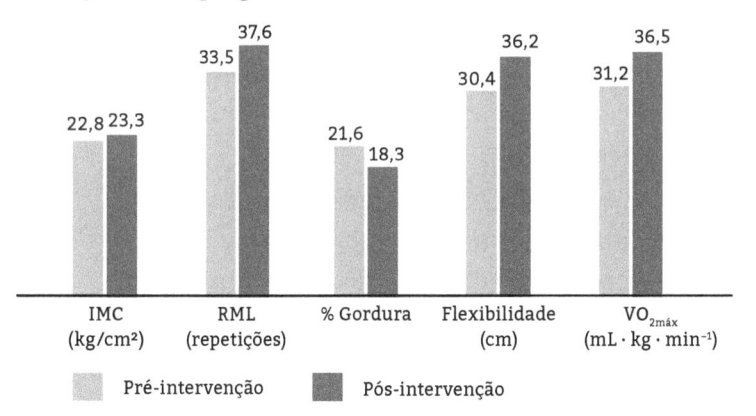

	IMC (kg/cm²)	RML (repetições)	% Gordura	Flexibilidade (cm)	$VO_{2máx}$ (mL · kg · min⁻¹)
Pré-intervenção	22,8	33,5	21,6	30,4	31,2
Pós-intervenção	23,3	37,6	18,3	36,2	36,5

Revista Digital, Ano 15, n. 146, 2010. Disponível em: <http://www.efdeportes.com>. Acesso em: 28 ago. 2010.

Considerando os resultados apresentados no gráfico, avalie se as ocorrências abaixo contribuem como alterações positivas para os praticantes do referido programa.

I. aumento do IMC.
II. aumento da flexibilidade.
III. aumento da resistência muscular localizada.
IV. diminuição do percentual de gordura corporal.
V. aumento da capacidade cardiorrespiratória.

Estão corretas apenas as ocorrências:

a) I e IV.
b) I, II e V.
c) I, III e V.
d) II, III e IV.
e) II, III, IV e V.

8. (ENADE, 2010) Natanael, dono de uma pequena academia, recebeu a visita de um representante comercial da empresa Physical Education Measurements, oferecendo-lhe a instalação e a manutenção de um *software* de avaliação física para acompanhamento dos clientes. Apesar de o preço ser razoável, Natanael está com dúvidas sobre a qualidade dos testes utilizados para alimentar o programa.

Quais são os critérios de um bom teste sobre os quais Natanael deve se basear para decidir acerca da compra do referido *software*?

a) Confiabilidade, fidedignidade e estabilidade.
b) Fidedignidade, validade e objetividade.
c) Reprodutibilidade, confiabilidade e objetividade.
d) Flexibilidade, economia e confiabilidade.
e) Objetividade, aplicabilidade e validade.

9. (ENADE, 2004) A abordagem sobre as questões relativas à saúde no campo da educação física, hegemonicamente, tem atuado como uma intervenção medicalizante. Contudo, nos últimos anos, tem sido verificada a emergência de novos enfoques que enfatizam a saúde como:

a) resultado de alterações psicológicas.
b) resultado de alterações fisiológicas.
c) resultado das condições de vida.
d) resultado do total de atividade física realizada.
e) oposição à doença.

10. (ENADE, 2007) Cinco profissionais de educação física foram contratados para atuar em uma instituição recentemente inaugurada. Uma das atividades combinadas com a direção da instituição foi a implantação de uma bateria de avaliação física de caráter antropométrico para o estudo do crescimento dos 60 adolescentes da entidade. Nessa avaliação, a periodicidade deveria ser estabelecida pelos profissionais e, além do peso corporal e da estatura dos adolescentes, duas outras variáveis antropométricas deveriam ser mensuradas e anotadas.

Com relação a essa situação hipotética, assinale a opção em que são corretamente apresentadas a periodicidade que deve ser estabelecida para a avaliação em apreço e duas variáveis que devem compor a bateria, cada uma com o respectivo instrumento/procedimento de mensuração.

a) trimestralmente; diâmetros ósseos, por meio de um paquímetro; e perímetros musculares, por meio de uma fita métrica.
b) semestralmente; força muscular, por meio de um dinamômetro; e relação cintura/quadril, por meio de um compasso.
c) anualmente; flexibilidade, por meio de uma régua; e resistência, por meio de um teste de esforço na bicicleta ergométrica.
d) semestralmente; equilíbrio dinâmico, por meio de um teste de andar sobre a trave; e coordenação motora geral, por meio de atividades bimanuais.
e) trimestralmente; maturação sexual, por meio de raios X da mão; potência aeróbica, por meio de um teste de corrida de 12 minutos.

11. (ENADE, 2014) O desenvolvimento motor harmonioso da criança depende de uma série de fatores, dentre os quais se destacam as oportunidades para a prática, o encorajamento e

o ensino em ambiente propício ao aprendizado. Embora relacionadas à idade, há numerosas variações entre as crianças e entre os padrões de movimento no desempenho de tarefas fundamentais.

Considerando o texto apresentado, avalie as asserções a seguir e a relação proposta entre elas.

I. A sequência de progressão no desenvolvimento motor ao longo dos estágios inicial, elementar e maduro é a mesma para a maioria das crianças, embora o ritmo varie, dependendo de fatores ambientais e hereditários.

PORQUE

II. Crianças na mesma faixa etária podem estar no estágio inicial em algumas tarefas motoras e, em outras, no estágio elementar ou no estágio maduro.

A respeito dessas asserções, assinale a opção correta.

a) As asserções I e II são proposições verdadeiras, e a II é uma justificativa correta da I.
b) As asserções I e II são proposições verdadeiras, mas a II não é uma justificativa correta da I.
c) A asserção I é uma proposição verdadeira, e a II é uma proposição falsa.
d) A asserção I é uma proposição falsa, e a II uma proposição verdadeira.
e) As asserções I e II são proposições falsas.

12. (ENADE, 2021) O momento epidemiológico de transição nutricional da população brasileira aponta para a necessidade de se conhecer e monitorar, cada vez mais precocemente, o estado nutricional, particularmente o sobrepeso/obesidade e, em consequência, o estado de saúde do indivíduo. Para tanto, é necessário empregar métodos de avaliação que abarquem as peculiaridades da dinâmica nutricional da infância e adolescência. Nesse sentido, a antropometria tem sido apontada

como o parâmetro mais indicado para avaliar o estado de saúde coletivo, principalmente pela facilidade de obtenção das medidas que podem ser válidas e confiáveis, desde que haja treinamento adequado e as aferições sejam devidamente padronizadas.

> GOMES, F. S. et al. Antropometria como ferramenta de avaliação do estado nutricional coletivo de adolescentes. Revista de Nutrição, v. 23, p. 591-605, 2010 (adaptado).

A partir do contexto apresentado, avalie as afirmações a seguir, a respeito das medidas antropométricas voltadas ao público infantojuvenil.

I. O índice de massa corporal e o índice cintura/quadril são ferramentas práticas e de baixo custo para determinar potenciais riscos à saúde no público infantojuvenil.

II. Na aplicação do índice cintura/quadril, uma maior circunferência de cintura pode ser um indício de maior depósito de gordura nessa região, representando menores riscos à saúde.

III. A antropometria possibilita a aquisição de informações que podem ser utilizadas para a melhor orientação em saúde.

IV. A classificação do Índice de Massa Corporal (IMC) usado no público infantojuvenil é o mesmo utilizado pelos adultos.

É correto apenas o que se afirma em

a) III.
b) I e II.
c) I, II e IV.
d) I, III e IV.
e) II, III e IV.

Atividades de aprendizagem

Questões para reflexão

1. Por que o treinamento de força muscular com adolescentes não deve ser iniciado antes dos 16 anos?
2. Quais os cuidados que as academias de musculação devem tomar quanto ao treinamento muscular em adolescentes?
3. Quais componentes relacionados à aptidão física estão mais correlacionados à saúde física? Por quê?

Atividade aplicada: prática

1. Convide 10 crianças e adolescentes que fazem parte do seu cotidiano para realizar uma avaliação física. Elabore um documento simulando o Termo de Consentimento e entregue para os pais, explicando que é apenas uma atividade acadêmica. Após os pais assinarem e concordarem, avalie-os quanto ao seu estado nutricional através do IMC e classifique-os utilizando o programa da OMS. A partir de cada idade, elabore um plano de atividades físicas para melhorar a aptidão física geral, respeitando as considerações apontadas nas seções deste capítulo. Mostre ao seu professor/pares e defenda suas ideias com argumentação científica. Por fim, elabore um breve relatório para devolver à família.

Capítulo 2

Aptidão cardiorrespiratória em crianças e adolescentes

Neste capítulo entenderemos melhor quais são os componentes responsáveis pelo sistema cardiovascular e como eles atuam de forma conjunta, assim como a relação de aptidão cardiorrespiratória e saúde em crianças e adolescentes e os aspectos fisiológicos da aptidão cardiorrespiratória. Na seção de métodos, analisaremos alguns exemplos de testes para avaliar os componentes aeróbio e anaeróbio. Também abordaremos as vantagens e desvantagens de aplicar testes em laboratórios e campo. Ademais, evidenciaremos a importância da aplicação de testes e como são ótimas ferramentas avaliativas e diagnósticas. Ao final deste capítulo, esperamos que o leitor seja capaz de identificar os componentes cardiovasculares na avaliação do exercício físico, compreender a relação da aptidão cardiorrespiratória com a saúde de crianças e adolescentes, entender os aspectos fisiológicos da aptidão cardiorrespiratória em crianças e adolescentes, além de conhecer e aplicar métodos de avaliação dos componentes aeróbio e anaeróbico da aptidão cardiorrespiratória. A aptidão cardiorrespiratória é um dos componentes mais estudados em crianças e adolescentes e desperta o interesse de muitos pesquisadores, principalmente a relação entre ela e os fatores de risco à saúde.

2.1 Caracterização dos componentes cardiovasculares

O sistema cardiovascular é constituído por órgãos que são responsáveis por levar o sangue oxigenado até os demais órgãos e tecidos do corpo, garantindo o bom funcionamento do organismo. Esse sistema abrange coração, sangue e vasos sanguíneos.

O sistema cardiovascular inclui o coração, músculo estriado cardíaco, tem contrações involuntárias e ritmadas e suas células são compostas apenas de um único núcleo, sendo por isso chamadas de *células mononucleadas*. É responsável por bombear o sangue nos vasos sanguíneos, que o direcionam até os órgãos responsáveis por suprir as necessidades dos tecidos do corpo, transportando nutrientes como o oxigênio, eliminando produtos do metabolismo, transportando hormônios de uma parte do corpo para outra e mantendo fluidos do corpo para que as células funcionem adequadamente. Além dessa função, a outra, não menos importante, é trazer de volta o sangue de todo o corpo, que está com baixa taxa de oxigênio e que precisa passar de novo pelos pulmões, de forma a realizar as trocas gasosas e receber mais oxigênio.

As trocas gasosas ocorrem por um processo conhecido como *difusão*, que é a passagem de partículas de um meio com maior para um com menor concentração. A concentração de determinado gás, seja por meio de ar ou água, é conhecido como *pressão*. As pressões de gás oxigênio são expressas por PO_2 e as de gás carbônico por PCO_2. No ar atmosférico, essas pressões equivalem a 160 mmHg e 0,23 mmHg, respectivamente. No ser humano, o ar inspirado possui PO_2 igual a 160 mmHg e PCO_2 igual a 0,23 mmHg. No interior do pulmão (misturado com ar residual), as pressões parciais do gás oxigênio e do gás carbônico passam a ser, respectivamente, 104 mmHg e 40 mmHg.

Para entender o processo de difusão, o sangue venoso chega por meio de capilares sanguíneos nos pulmões com PO_2 igual a

40 mmHg e PCO_2 igual a 45 mmHg. E como a PO_2 do ar pulmonar (104 mmHg) é maior que a do sangue dos capilares pulmonares (40 mmHg), ocorre difusão de gás oxigênio do ar pulmonar para o sangue. A PCO_2 do sangue dos capilares (45 mmHg) é superior a PO_2 do ar pulmonar (40 mmHg), assim, ocorre difusão do gás oxigênio do sangue para os pulmões. Para finalizar esse processo, ao passar pelos capilares dos tecidos corporais, o sangue cede o gás oxigênio obtido nos pulmões e adquire gás carbônico (Figura 2.1).

Figura 2.1 Troca gasosa entre vasos sanguíneos e alvéolos na respiração humana

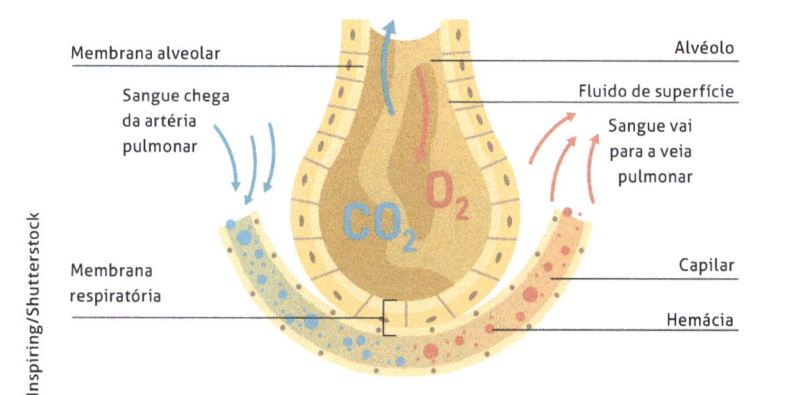

2.1.1 Anatomia do sistema cardiovascular

Os principais componentes do sistema cardiovascular são:

- **Coração**

O coração é o principal órgão do sistema cardiovascular e é caracterizado por um músculo oco, localizado no centro do tórax, ocupando o espaço conhecido por *mediastino*. É um órgão que bombeia sangue por todo o corpo através do sistema circulatório, fornecendo oxigênio e nutrientes aos tecidos e removendo dióxido de carbono e outros resíduos.

Em humanos, o coração tem aproximadamente o tamanho de um punho grande e pesa cerca de 280 a 340 gramas em homens e 230 a 280 gramas em mulheres, de acordo com *Anatomy of Human Body* (Gray; Goss, 1974), e funciona como uma bomba.

Ele é dividido em quatro câmaras, dois átrios (sangue chega do coração vindo dos pulmões) e dois ventrículos (sangue vai para os pulmões ou para todo corpo). O ventrículo direito recebe sangue do átrio direito, por meio da válvula tricúspide, que bombeia o sangue para os pulmões, através da válvula pulmonar na saída do ventrículo e, em seguida, passa pela artéria pulmonar e seus ramos, eliminando o gás carbônico e o oxigênio nos pulmões direito e esquerdo.

Figura 2.2 Coração humano com vasos sanguíneos e sua localização no tórax (mediastino)

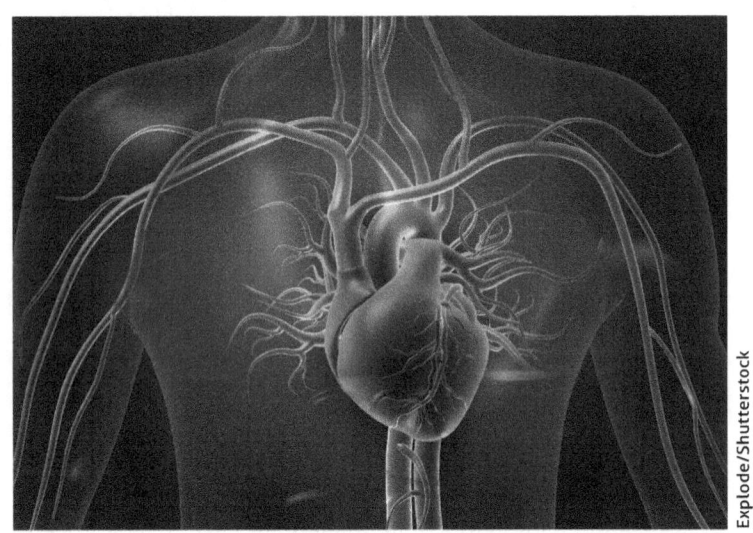

Artérias e veias

Para circular por todo o corpo, o sangue flui dentro de vasos sanguíneos, que podem ser classificados como:

- **Artérias:** são fortes e flexíveis, pois precisam transportar o sangue do coração e suportar pressões sanguíneas elevadas. Sua elasticidade ajuda na manutenção da pressão arterial (PA) durante os batimentos cardíacos. Por exemplo: a artéria pulmonar, que leva sangue com pouco oxigênio do coração para os pulmões, onde é oxigenado.
- **Artérias menores e arteríolas:** possuem paredes musculares que ajustam seu diâmetro a fim de aumentar ou diminuir o fluxo sanguíneo em determinada área. São conhecidas também como *vasos de resistência* devido à sua formação. As arteríolas levam a um capilar.
- **Capilares:** são vasos sanguíneos pequenos e de paredes extremamente finas, que atuam como pontes entre artérias. Permitem que o oxigênio e os nutrientes passem do sangue para os tecidos e que os resíduos metabólicos passem dos tecidos para o sangue; para que os capilares funcionem, suas paredes devem estar vazando, possibilitando a passagem de substâncias. Existem três tipos principais de capilares, que diferem de acordo com seu grau de "infiltração":
    - os capilares contínuos, encontrados em quase todos os tecidos vascularizados;
    - fenestrados, comuns no intestino delgado, que é o principal local de absorção de nutrientes, bem como nos rins, que filtram o sangue;
    - sinusóides, encontrados no fígado e baço, medula óssea, nódulos linfáticos (onde carregam linfa, não sangue) e muitas glândulas endócrinas, incluindo as glândulas pituitária e adrenal.
- **Veias:** transportam o sangue de volta para o coração e geralmente não estão sujeitas a grandes pressões, não precisando ser tão flexíveis como as artérias. Por exemplo: as veias pulmonares, que trazem sangue rico em oxigênio dos pulmões ao coração.

Figura 2.3 O sistema circulatório

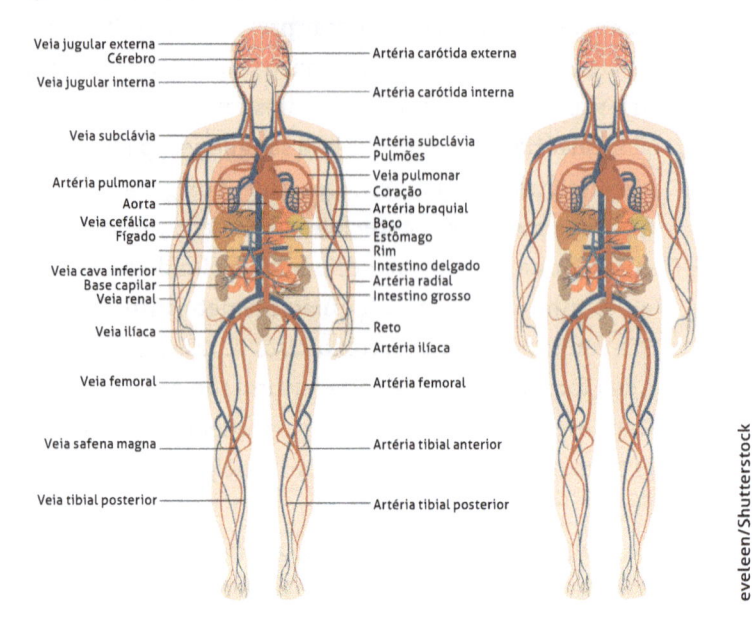

eveleen/Shutterstock

Todo o funcionamento do sistema cardiovascular está relacionado ao batimento do coração, onde os átrios e ventrículos do coração relaxam e se contraem, formando um ciclo. O sistema cardiovascular é composto por duas partes: (1) a pequena circulação, que é responsável por levar o sangue do coração aos pulmões e dos pulmões de volta ao coração; e (2) a grande circulação, que leva o sangue do coração para todas as partes do corpo, irrigando os tecidos através da artéria aorta.

Para entender melhor, acompanhe o esquema de funcionamento do sistema cardiovascular por etapas:

1. O sangue vindo do corpo, pobre em oxigênio e rico em gás carbônico, flui através das veias cavas até o átrio direito do coração.
2. Ao encher, o átrio direito envia o sangue até o ventrículo direito.

3. Quando o ventrículo direito fica cheio, ele bombeia o sangue através da válvula pulmonar até as artérias pulmonares, que vão suprir os pulmões.
4. O sangue flui para os capilares nos pulmões, absorvendo o oxigênio e eliminando gás carbônico.
5. O sangue rico em oxigênio flui através das veias pulmonares até o átrio esquerdo no coração.
6. Ao encher, o átrio esquerdo envia o sangue rico em oxigênio até o ventrículo esquerdo.
7. Quando o ventrículo esquerdo fica cheio, ele bombeia o sangue através da válvula aórtica e pela aorta, levando o sangue rico em oxigênio para todo o corpo.
8. Por fim, o sangue que irrigou os vários órgãos e tecidos do corpo perde sua concentração de oxigênio e volta ao coração, dando início a todo o processo novamente.

2.1.2 Sistema cardiovascular e avaliação no exercício físico

O sistema cardiovascular desempenha papel fundamental na resposta do organismo ao exercício físico. No momento que iniciamos um exercício, diversas respostas cardiovasculares são desencadeadas, permitindo que sua realização aconteça satisfatoriamente. Após diversas sessões de exercícios, ocorrem as adaptações crônicas ao exercício físico. O coração responde ao exercício aumentando a frequência através de contrações, sendo a frequência cardíaca (FC) uma das principais formas de controlar a intensidade do exercício. O fluxo sensorial proprioceptivo dos músculos, tendões, cápsula articular e ligamentos é iniciado no momento da prática de exercícios e segue em direção ao sistema nervoso central (SNC), que interpreta e integra essas informações, respondendo adequadamente via sistema nervoso autônomo (SNA) simpático. O SNA regula a FC, assimilando uma ação recíproca dos sistemas simpático e parassimpático: aumento da atividade parassimpática e redução da simpática, e vice-versa. Importante destacar que a FC pode sofrer influência de fatores como: idade, sexo, condição física, temperatura corporal, além da regulação autonômica e química dela.

Algumas alterações na FC são observadas no repouso, conhecidas por *bradicardia*, quando a frequência cardíaca é lenta, e *taquicardia*, quando a frequência cardíaca é rápida. A causa desse aumento na taquicardia está associada ao aumento da temperatura corporal ou estimulação do sistema nervoso simpático, e a bradicardia se deve à estimulação vagal como uma das principais causas descritas na literatura.

Outro parâmetro relevante para a avaliação do exercício é a resposta da PA, que também é um indicador de risco metabólico, além de cardiovascular. Crianças e adolescentes com níveis elevados de pressão arterial têm alta probabilidade de se tornarem adultos hipertensos. Evidências epidemiológicas apontam que a PA é mais comum na vida adulta; pesquisadores sugerem que a gênese está localizada na infância (Pinheiro, 2021).

Uma das formas mais simples, práticas e com baixo custo para prescrição e orientação de atividades físicas é a monitorização da FC e PA. Testes de capacidade funcional podem indicar disfunção cardiovascular, pulmonar ou motora. Vários testes estão disponíveis para determinar a capacidade funcional, mas em crianças e adolescentes as informações obtidas podem ser diferentes das observadas em adultos, em razão das diferenças nas respostas fisiológicas e metabólicas ao estresse. As crianças apresentam respostas cronotrópicas maiores e inotrópicas menores durante o esforço máximo. Na Seção 2.2, serão abordados conceitos e alguns testes para avaliar a capacidade cardiopulmonar.

2.2 Relação de aptidão cardiorrespiratória e saúde em crianças e adolescentes

Segundo Enes e Slater (2010), a aptidão cardiorrespiratória é a capacidade do organismo como um todo de resistir à fadiga em esforços de média e longa duração, cuja função depende fundamentalmente da captação e distribuição de oxigênio para os músculos em exercício de alta intensidade e exercícios diários que fazem parte das atividades cotidianas. Em adolescentes, essa variável sofre influência pelo sexo, estágio puberal, presença do sedentarismo e fatores hormonais e genéticos. Sabendo-se que índices de aptidão cardiorrespiratória são totalmente ligados a esses fatores, pode-se afirmar que os valores para adolescentes do sexo feminino são mais baixos do que no sexo masculino.

É salutar entender que ter uma boa condição cardiorrespiratória diminui as demandas do coração e reduz riscos de doenças. Guedes e Guedes (1995a, 1995b, 1995c) afirmam que indivíduos com níveis mais elevados de aptidão cardiorrespiratória tendem a apresentar maior eficiência nas atividades do cotidiano e recuperar-se mais rapidamente em exercícios de alta intensidade. Essa treinabilidade é considerada um dos componentes da aptidão física, que é a aptidão cardiorrespiratória (APCR), podendo afirmar que existe uma relação direta e estreita de equilíbrio para a melhora cardiovascular. A APCR, quando considerada satisfatória, está associada à diminuição da adiposidade corporal total e abdominal, redução da depressão, ansiedade, melhoras no estado de humor e autoestima, além de ser tida como fator de proteção para as doenças cardiovasculares. Importante reforçar que a APCR é a que mais tem relação/benefícios com a saúde, com diminuição dos riscos de doenças crônicas não transmissíveis (DCNT), como hipertensão arterial e diabetes mellitus.

Figura 2.4 Equipamentos médicos para verificar o açúcar no sangue (glicosímetro digital) e aferir a pressão arterial

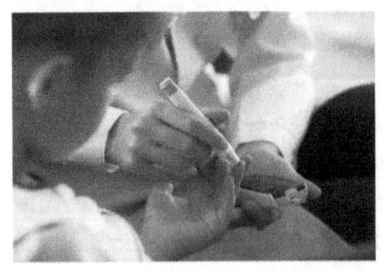

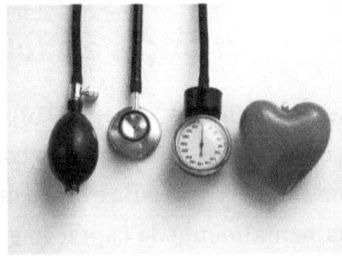

As doenças cardiovasculares são uma das principais causas de morte no mundo. Há evidências científicas que demonstram associação entre estilo de vida com fatores de risco geralmente iniciados na adolescência. Um exemplo é o excesso de gordura corporal; uma vez adquirido na infância e na adolescência, tende a permanecer ao longo da idade adulta e traz grandes prejuízos ao organismo. O estilo de vida deveria ser uma das principais preocupações, mas, infelizmente, hábitos de alimentação, atividade física e sono de má qualidade em um período de vida que deveria ser de conscientização e "gosto" por hábitos saudáveis para a vida adulta são ignorados ou não levados a sério. A criança e o adolescente precisam ter uma rotina diária para que conquistem uma vida saudável e cresçam sem fatores de risco para a fase adulta. Essa rotina precisa ser ensinada em casa e reforçada na escola.

Figura 2.5 Rotina diária de crianças

Hoje, entre 75 e 80% dos portadores de doença arterial coronariana (DAC) apresentam fatores de risco, como hipertensão arterial, tabagismo, hipercolesterolemia, diabetes mellitus, com maior incidência entre o sexo masculino e com histórico familiar, sendo acrescentados o sedentarismo, estresse emocional e obesidade. As evidências científicas mostram que esse processo aterosclerótico se inicia na infância, progride com a idade e exibe gravidade diretamente proporcional ao número de fatores de risco apresentados pelo indivíduo. Por isso, vale ressaltar que a prevenção deve iniciar-se na infância, principalmente pelo processo de educação para a promoção da saúde cardiovascular, com ênfase na importância de bons hábitos alimentares, manutenção de uma prática regular de atividade física para toda a vida e hábitos de sono (Brito et al., 2020).

Alguns pesquisadores atribuem o aumento da gordura corporal com influência na relação da APCR e fatores de risco em adolescentes, especialmente o sedentarismo (Victo et al., 2017; Tornquist et al., 2022). A obesidade, caracterizada pelo acúmulo de gordura corporal, é uma doença complexa resultante da interação entre genética e diversos fatores ambientais. Segundo a Organização Mundial da Saúde (OMS), a obesidade é definida quando a criança ou o adolescente (5 a 17 anos) apresenta o IMC Escore-z > 2. O excesso de peso é um grave fator de risco para diversas comorbidades, como doenças cardiovasculares, alguns tipos de câncer, diabetes tipo 2, problemas articulares, além de problemas psicossociais, como baixa autoestima, problemas de aceitação social, depressão e suicídio.

Gráfico 2.1 Curva do IMC em meninas e meninos com idade de 5-19 anos, em Z-score

IMC por idade – meninos
De 5 a 19 anos (Z-scores)

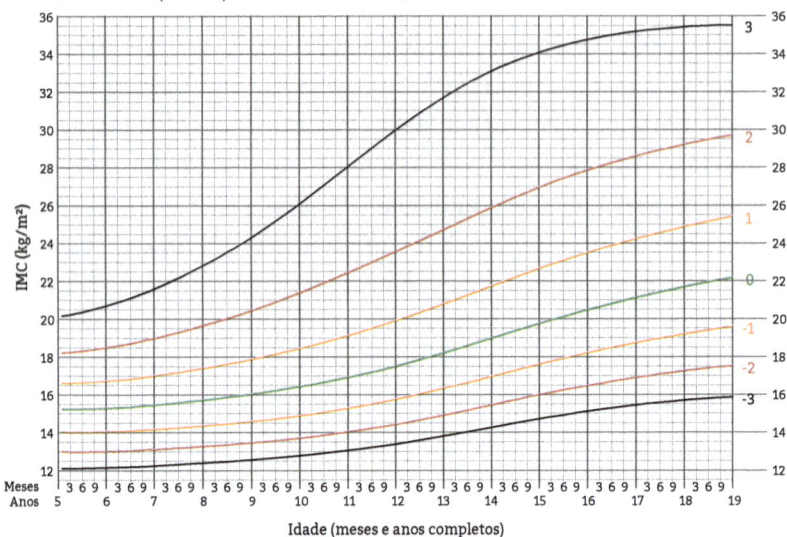

IMC por idade – meninas
De 5 a 19 anos (Z-scores)

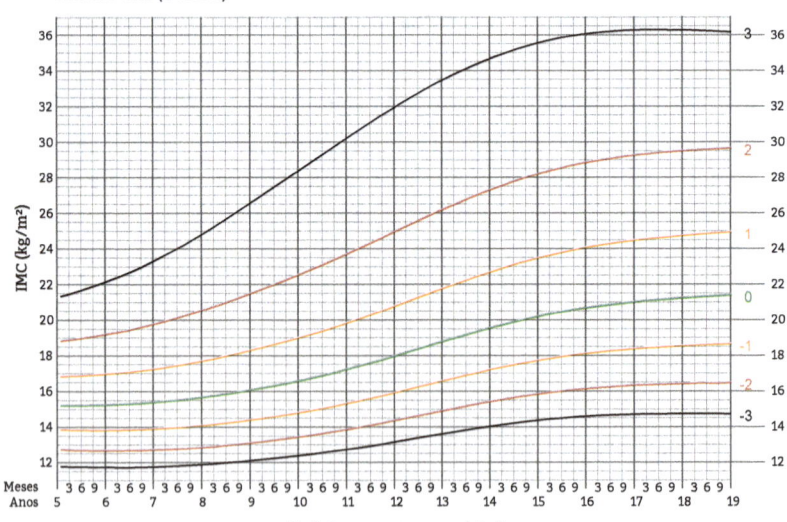

Fonte: OMS, 2023.

Nos últimos anos, o avanço tecnológico e a insegurança nas ruas, parques e espaços ao ar livre, principalmente nos grandes centros urbanos, têm contribuído para alterações no estilo de vida de crianças e adolescentes. Ao longo das últimas décadas, crianças e adolescentes mudaram sua forma de brincar, especialmente os meninos, que passaram a ficar mais tempo em jogos eletrônicos e assumiram comportamento sedentário (Brito et al., 2020). A Sociedade Brasileira de Pediatria (SBP, 2019) preconiza que crianças e adolescentes passem no máximo duas horas envolvidos em jogos eletrônicos, *tablets* e celulares. E ainda reforça que o excesso pode acarretar distúrbios no sono, mudanças de comportamento, irritabilidade, além de vários problemas físicos, como oculares e auditivos.

Figura 2.6 Meninas e meninos segurando o telefone e brincando sem estresse

Tudo isso aliado a níveis reduzidos de atividade física pode afetar a aptidão física de forma negativa, os níveis de APCR e, consequentemente, a saúde ao longo dos anos (Silveira et al., 2020). Estudos têm mostrado que crianças e adolescentes com baixos níveis de APCR na infância e na adolescência estão propensos ao aumento de risco cardiovascular em idade adulta (Tornquist et al., 2022).

2.3 Aspectos fisiológicos da aptidão cardiorrespiratória

No período pubertário, além das modificações dimensionais, como a adiposidade corporal, ocorrem modificações fisiológicas, as quais desencadeiam importantes transformações no organismo dos adolescentes, que refletem de alguma forma na sua capacidade de esforço. Uma dessas transformações está relacionada ao **consumo máximo de oxigênio**, que é a capacidade que um indivíduo consegue consumir de oxigênio durante determinado tempo. Essa capacidade aumenta ao longo da segunda infância, acompanhando o crescimento das dimensões corporais. Até os 12 anos, não se observam diferenças significativas entre meninos e meninas, apesar de os meninos obterem valores superiores desde os 5 anos de idade. As diferenças entre os sexos são observadas a partir dos 14 anos, em que as meninas já estão em estágio puberal maduro e atingem o platô e os meninos somente aos 18 anos, em uma curva crescente. A variável de medida da aptidão cardiorrespiratória é o volume de oxigênio máximo (VO$_2$máx). Esse indicador é o preditor de como o sistema de oxigênio se encontra durante o exercício máximo, sendo de fácil medição e a que mais representativa da APCR.

Figura 2.7 Contorno de órgão interno humano, isolado

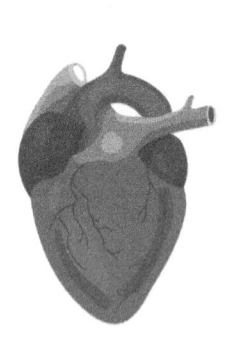

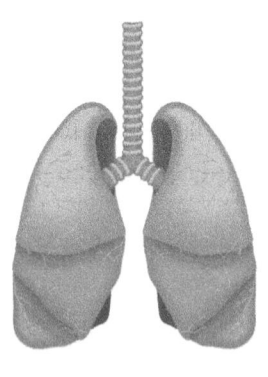

Design PRESENT e Vectorfair/Shutterstock

Em uma pesquisa, Inbar e Bar-Or (1986) encontraram que o consumo de oxigênio em indivíduos do sexo masculino (de 8 a 18 anos), quando expresso em mililitros de oxigênio por minuto por quilograma de peso corporal (mL/kg · min), independe da idade. Em indivíduos do sexo feminino, os valores são mais altos na fase pré-púbere do que durante a fase púbere ou pós-púbere. Para aferir os efeitos fisiológicos do treinamento da resistência em crianças e adolescentes, o consumo máximo de oxigênio, conhecido como $VO_2máx$, é uma variável indispensável na avaliação da potência aeróbia. Geralmente, as crianças possuem um consumo de oxigênio consideravelmente alto quando comparadas com adultos, com valores variando entre 48 e 58 mL/kg · min. Apesar da dificuldade em se determinar a treinabilidade da resistência aeróbia de crianças e adolescentes, é fundamental dentro de um programa de atividade física, principalmente levando em consideração a prevenção primária e a promoção da saúde dessas populações.

O volume máximo de oxigênio, expresso por VO_2máx, corresponde ao volume de oxigênio consumido pelo indivíduo durante uma atividade física com características aeróbicas, por exemplo: natação, corrida, caminhada. Quanto maior for o valor do VO_2máx de um indivíduo, melhor será sua capacidade de resistir a esforços de longa duração, somada a benefícios extras à saúde, como menor risco de doenças cardiovasculares, câncer, depressão e diabetes tipo 2 (Titski et al., 2014).

A medida de VO_2máx pode ser expressa em valores absolutos (mL · min^{-1}) ou relativos (mL · kg^{-1} · min^{-1}). Em crianças, o que dificulta a determinação do VO_2máx é que elas não apresentam platô na captação de oxigênio frente a um esforço máximo. Aconselha-se denominar a maior captação de oxigênio durante um esforço máximo voluntário como pico de consumo de oxigênio (VO_2pico). Em crianças entre 3 e 6 anos de idade, os valores de VO_2máx são um pouco menores, aproximadamente 42 mL · kg^{-1} · min^{-1}.

E tendem a apresentar maiores valores iniciais de VO$_2$pico quando comparados aos de adultos. A diferença pode ser explicada pela maior capacidade das crianças em utilizar oxigênio como substrato energético, provavelmente devido a uma maior quantidade de fibras musculares esqueléticas tipo I, maior densidade mitocondrial, maior concentração e atividade catalítica de enzimas oxidativas (isocitrato desidrogenase, fumarase e malato desidrogenase) e maior capilarização. Outra explicação para que crianças tenham melhor VO$_2$pico é porque nessa fase são mais ativas fisicamente, engajam-se mais facilmente em atividades e até mesmo nas aulas de educação física.

O consumo máximo de oxigênio pode crescer linearmente até os 16 e 13 anos em meninos e meninas, respectivamente, permanecendo em platô durante a adolescência. O VO$_2$máx é relativamente estável para meninos (entre 50 e 55 mL $\cdot$ kg^{-1} $\cdot$ min^{-1}) e decresce apenas de forma leve para meninas (de 50 para 40 mL $\cdot$ kg^{-1} $\cdot$ min^{-1}) durante o crescimento (ver Tabela 2.1). A diminuição do VO$_2$máx em meninas pode ser explicada pelo aumento de tecido adiposo e consequente modificação na composição corporal. Somada a essa mudança fisiológica, devemos considerar uma mudança de estilo de vida adotada pelas meninas, principalmente a partir dos 13 anos de idade, que tendem à diminuição da prática de atividade física.

Em todas as idades, os meninos apresentam valores médios de VO$_2$máx superiores aos das meninas (Rowland, 2008). Antes dos 10-12 anos, o VO$_2$máx absoluto em meninas atinge cerca de 85% a 90% do valor médio alcançado por meninos, depois da puberdade esse percentual diminui para 70% (Malina; Bouchard, 1991). O VO$_2$ desenvolve-se conforme se dá o processo de crescimento. Fatores estruturais, biológicos e fisiológicos também estão associados à aptidão aeróbia, entre eles temos: a FC, quantidade de hemoglobina no sangue, volume sanguíneo, volume de ejeção e débito cardíaco. Logo, o VO$_2$máx em crianças se desenvolve também em função do desenvolvimento do sistema de transporte de oxigênio e da capacidade de extração de oxigênio do sangue, o que possibilita uma renovação dos estoques de ATP e substratos utilizados pelo músculo durante o exercício (Malina; Bouchard, 1991).

Figura 2.8 Prática de atividade física (exercícios aeróbicos) para melhorar o sistema cardiorrespiratório em crianças e adolescentes

Frau aus UA/Shutterstock

A maior parte dos estudos referentes ao treinamento da aptidão cardiorrespiratória tem como principal objetivo analisar alterações no VO_2pico. Os resultados encontrados nos diferentes estudos dependem especialmente das características do treinamento ao qual crianças e adolescentes são submetidos.

De forma geral, o treinamento aeróbio melhora o VO_2pico por volta de 10% em crianças e adolescentes, menor do que quando treinamos indivíduos adultos. Esses resultados se devem ao fato de crianças e adolescentes terem valores iniciais menores, o que reduz o valor delta de variação – que, na prática, nos diz que quanto mais treinado, menos treinável. No entanto, parece haver uma diminuição da treinabilidade da capacidade aeróbia durante o crescimento puberal. Alguns estudos mostram que treinar adolescentes púberes proporciona melhores resultados, pois há interação dos fatores responsáveis pela aptidão cardiorrespiratória, como o aumento da massa magra, maior capacidade de transportar oxigênio e maior débito cardíaco. Podemos afirmar que essas alterações estão relacionadas tanto ao processo maturacional quanto aos efeitos do treinamento físico. Não podemos esquecer que para se obter um ótimo resultado no treinamento físico estruturado é preciso respeitar a relação perfeita entre: intensidade do exercício, duração e recuperação; duração total do período de treinamento; frequência das sessões (densidade) e aptidão física inicial. Adolescentes atletas de alto nível apresentam VO_2 20% maior que não treinados, e quando fazemos essa mesma comparação em adultos, o VO_2 chega a 100% maior do que em indivíduos sedentários.

O VO_2máx pode estar relacionado com a genética, sendo influenciado também pela idade do indivíduo, etnia, composição corporal, nível de treino e tipo de exercício realizado. Em consonância com o estudo de Rodrigues et al. (2006), os valores de VO_2máx validados para a população brasileira de 10 a 14 anos de idade estão dispostos na Tabela 2.1. Importante ressaltar que os autores dessa proposta utilizaram o VO_2máx medido de forma direta e que equações, quando classificamos o VO_2máx, devem ser aplicadas com cautela.

Tabela 2.1 Classificação da aptidão cardiorrespiratória pelo consumo de oxigênio (mL · kg^{-1} · min^{-1}) medido diretamente para as faixas etárias de 10 a 14 anos

	Meninas	Meninos
Muito fraca	< 33,0	< 38,7
Fraca	33,0-36,4	38,7-43,3
Regular	36,5-38,7	43,4-47,9
Boa	38,8-42,4	48,0-52,2
Excelente	≥ 42,5	≥ 52,3

Fonte: Rodrigues et al., 2006, p. 429.

2.4 Métodos de avaliação do componente aeróbio

Na Seção 2.3, falamos do VO_2máx, que é um dos preditores da aptidão cardiorrespiratória. Existem diferentes formas de se medir o VO_2máx, e detalharemos algumas na sequência.

2.4.1 Medida direta do consumo máximo de oxigênio – Ergoespirometria (padrão-ouro)

O teste ergoespirométrico consiste na análise dos gases expirados durante o estresse físico, servindo para especificar medidas diretas de parâmetros respiratórios, como consumo de oxigênio, produção de gás carbônico, frequência respiratória e ventilação pulmonar, muito difundido no meio esportivo por ser uma ferramenta importante para a individualização de treinamentos. Geralmente é realizado em clínicas ou academias por equipe de especialistas.

É indicado para avaliação funcional de doenças cardíacas e pulmonares, para programar treinamento de atletas e para diagnóstico diferencial da dispneia (falta de ar). É contraindicado para gestantes e pessoas com peso superior a 160 kg.

Durante o teste, o avaliado faz todo o esforço físico respirando preferencialmente com a utilização de um bocal (ou uma máscara, caso não suporte o bocal), mantendo o nariz obstruído com um prendedor especial. O teste ergoespirométrico é um procedimento de baixo risco e com complicações extremamente raras, principalmente na população pediátrica.

Figura 2.9 Teste de função pulmonar

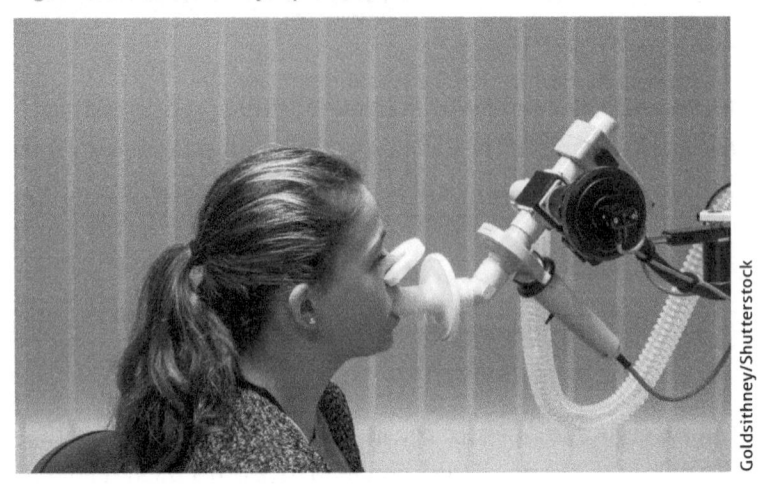

Goldsithney/Shutterstock

2.4.2 Testes de esforço

Podem ser realizados nos laboratórios, no campo ou por meio de questionários de atividade física. A seguir, listamos as vantagens e desvantagens nos testes realizados em laboratório ou campo.

Quadro 2.1 Vantagens e desvantagens nos testes realizados em laboratório ou campo

Laboratório (testes máximos e submáximos)	Campo
Necessidade de material e equipamento específicos;	Fácil aplicação;
Custo mais elevado;	Grande validade externa;
Menor validade externa;	Grande número de crianças e adolescentes avaliados simultaneamente;
Individual e mais demorado;	
Maior precisão;	Pouca precisão;
Mais seguro.	Risco aumentado.

Com relação à aplicação de testes submáximos em crianças e adolescentes, devemos observar se a frequência cardíaca de repouso tem valores normais. A FC submáxima corresponde a geralmente 85% da FC máxima predita. Testes submáximos fornecem respostas em FC e PA a diferentes intensidades de trabalho. Esses testes podem ser realizados em um *step* em um banco, um cicloergômetro ou uma esteira.

Exemplos de testes máximos e submáximos realizados em laboratórios:

- **Teste de degrau de 3 minutos ou 3-min *step test***

Consiste em a criança ou adolescente subir e descer um degrau de altura aproximada em 15 centímetros em ritmo cadenciado. O objetivo principal é que a criança consiga atingir ao menos 30 subidas e descidas por minuto. Durante o teste são avaliadas a dispneia e a saturação periférica de oxigênio (SpO2). Os parâmetros deste teste são similares ao teste de caminhada de 6 minutos (a seguir). Devemos considerar que a força muscular de membros inferiores é determinante no resultado do teste.

- **Teste de esteira ergométrica**

Em geral, antes da realização de qualquer teste de esforço, é importante a motivação, por parte dos avaliadores, para que se possa garantir a execução do teste com o empenho necessário, atingindo-se os objetivos de forma a não estressar o avaliado. A esteira é uma das melhores ferramentas de avaliação em estudos que visem a resultados cardiorrespiratórios e metabólicos (Dourado, 2019; Carli et al., 2022). É importante lembrar que existe uma diversidade de protocolos, no entanto, é preciso verificar se são validados para a população brasileira e se é possível reproduzir entre crianças e adolescentes.

Figura 2.10 Teste de esteira (teste de laboratório) com uso de máscara para medir o VO_2máx

wavebreakmedia/Shutterstock

Quanto aos testes de campo, vamos citar dois comumente usados e mencionados na literatura nacional e na internacional.

- **Teste de caminhada de 6 minutos (TC6')**

É um dos testes com fácil reprodutibilidade, confiabilidade e baixo custo. O teste pode ser realizado tanto por crianças saudáveis quanto por crianças com doenças crônicas (Kuhn et al., 2022), além daquelas sem condição física, consideradas sedentárias. Para aplicação do teste, é necessário um espaço de 30 metros em linha reta e instrumentos de avaliação para monitorar a frequência cardíaca e saturação periférica de oxigênio (oxímetro). O teste avalia a distância percorrida pela criança durante 6 minutos, o que representa boa correlação com consumo máximo de oxigênio (VO_2), refletindo melhor as atividades físicas diárias. Em um estudo transversal, em 2014, com crianças saudáveis entre 10 e 12 anos, do sexo feminino e masculino, inseridas na rede de ensino municipal e estadual de Coari (AM), os resultados demonstraram que houve aumento da FC, causado provavelmente pelo grau de esforço despendido durante o teste. No primeiro minuto pós-teste, houve redução da FC, sugerindo que o primeiro minuto pós-exercício é suficiente para recuperar um patamar próximo ao do pré-teste. No segundo minuto não houve mais queda, o que sugere que a verificação da resposta cardíaca na fase de recuperação deve ser feita num tempo maior após a conclusão da atividade (Moraes et al., 2020).

Figura 2.11 Teste de caminhada

Shuttle Walk Test (SWT)

O SWT é um teste máximo de protocolo padronizado, com 15 níveis de velocidade. Crianças ou adolescentes devem caminhar rapidamente, em velocidades crescentes, em um curso de 10 metros delimitados por 2 cones (sendo um cone em cada extremidade do espaço), que devem ser contornados pelo avaliado. Um sinal de áudio emitido representa a mudança de nível de velocidade.

2.4.2.1 Questionários

Os questionários de atividade física são considerados instrumentos frágeis, mas de baixo custo, fácil aplicação e que atingem muitas crianças e adolescentes no momento da aplicação. Outro fator importante a ser considerado é o entendimento das questões por parte dos participantes, que às vezes super ou subestimam as respostas. Alguns exemplos de questionários voltados para crianças e adolescentes são:

1. O *Physical Activity Questionnaire for Children* (PAQ-C) é designado para crianças entre 8 e 13 anos e consiste em questões estruturadas direcionadas a dimensionar distintos aspectos da prática de atividade física nos últimos 7 dias, como: informações sobre a frequência semanal de atividade física no tempo livre; questões relacionadas à prática de atividade física em intensidades moderada a vigorosa durante as aulas de educação física, períodos específicos de dias da semana (manhã, tarde e noite) e nos fins de semana.
2. O *Physical Activity Questionnaire for Adolescent* (PAQ-A) é uma versão ligeiramente modificada do PAQ-C com o item "recesso" removido. É um instrumento recordatório de 7 dias autoaplicável. Foi desenvolvido para avaliar os níveis gerais de atividade física para adolescentes de 14 a 19 anos de idade. O PAQ-A pode ser administrado em sala de aula e fornece um escore resumido de atividade física derivado de oito itens, cada um pontuado em uma escala de 5 pontos.
3. O *International Physical Activity Questionnaire* (IPAQ) é um instrumento utilizado no mundo inteiro. Inicialmente era um questionário voltado para avaliar a inatividade física

em adultos, mas depois foi validado para adolescentes de diferentes nacionalidades. No Brasil foi validado por Guedes, Lopes e Guedes em 2005. A classificação do IPAQ leva em consideração intensidade, frequência e duração das atividades físicas no período de uma semana, anterior ao preenchimento do questionário (recordatório). Os resultados são representados em cinco categorias: inativo (sedentário), insuficiente ativo A, insuficiente ativo B, ativo, muito ativo (Melo; Oliveira; Almeida, 2009).

2.4.2.2 Instrumentos de medidas objetivas

Pedômetros e acelerômetros são importantes instrumentos aproveitados para determinar níveis de atividade física. Um pedômetro/acelerômetro é um tipo de dispositivo que conta o número de passos executados pelo usuário, registrando ou medindo o movimento vertical. Os pedômetros são excelentes ferramentas para avaliar atividades físicas. Estudos em pedômetros mostraram que seu uso aumenta a atividade física, diminui o índice de massa corporal (IMC) e diminui os níveis de PA. Em comparação com outros tipos de equipamentos de avaliação, os pedômetros são de baixo custo, confiáveis e fáceis de utilizar.

2.5 Métodos de avaliação do componente anaeróbio

Existem diferentes maneiras de avaliar o componente anaeróbio, e discorreremos sobre algumas delas na sequência.

Teste de Wingate

O teste é realizado em uma bicicleta ergométrica conectada a um computador com *software* para leitura do Teste de Wingate. O protocolo consiste em 2 minutos de aquecimento em cicloergômetro sem carga e, após 1 minuto e 30 segundos de recuperação, a carga da bicicleta é ajustada de acordo com a massa corporal individual, correspondendo a 7% do peso total (Inbar; Bar-Or, 1986; Franchini, 2002). Após atingir a potência máxima, é observado um decréscimo constante da potência até o fim do teste. Os avaliados devem ser instruídos a realizar o teste em esforço máximo durante 30 segundos; todos os participantes devem ser verbalmente motivados pelos avaliadores para que cada atleta se esforce o máximo possível. A execução do teste demanda atenção ao fato de que seus resultados são significativamente dependentes da duração e da carga utilizada no processo.

Running Anaerobic Test (RAST)

É um teste de campo, constituído de 6 corridas de 35 metros com velocidade máxima e intervalo de 10 segundos entre as corridas. Tem como objetivo avaliar o desempenho anaeróbio (metabolismos aláctico e láctico) do avaliado, sendo similar ao *Wingate Anaerobic Test* (30 segundos). Os melhores resultados encontrados para o teste de quadra estão provavelmente associados ao piso, que oferece maior aderência no momento da execução do teste, mas pode ser realizado em grama (Gonçalves et al., 2007). Este teste é muito utilizado em jogadores de futebol.

Teste de capacidade anaeróbica alática (método de Margaria)

É um teste de fácil aplicação para determinar a potência anaeróbica máxima produzida a partir da subida de escadas. Neste procedimento, o avaliado fica parado a uma distância de mais ou menos 6 metros do primeiro degrau da escadaria selecionada. Ao sinal "pronto" e "já", ele corre e sobe a escadaria de dois em dois degraus. O avaliador estimula o avaliado a realizar um esforço máximo, desde o início, antes de chegar aos degraus; o cronômetro é acionado quando o avaliado toca no primeiro degrau marcado, sendo desligado no momento que ele pisa no último degrau determinado. A altura das escadas é medida com fita métrica e o tempo é registrado pelo cronômetro. Para calcular a potência anaeróbica; a altura da subida, o peso corporal e a duração devem ser registrados. Cada avaliado pode realizar o teste até três vezes. Para o resultado, determina-se a média das três tentativas, com possível descanso entre elas (Margaria; Aghemo; Rovelli, 1996).

Teste da capacidade anaeróbica láctica (teste dos 40 segundos de Matsudo)

O avaliado é orientado a correr o mais rápido possível durante o período de 40 segundos. O teste é iniciado com as palavras "atenção" e "já", sendo acionado o cronômetro ao mesmo tempo. O avaliado corre o mais rápido possível da direção A para B, onde se encontra o segundo avaliador, posicionado em um ponto médio entre 200 e 300 metros. Quando faltar 10 segundos para finalizar o teste, o avaliador mais próximo deve avisar em voz alta o tempo percorrido, no caso, "30 segundos". Este teste pode ser realizado em uma pista de atletismo, e o aquecimento é permitido antes dele. Ao final, marca-se a distância realizada. Deve ser aferida a FC logo após o teste (Matsudo, 1987).

▌▌▌ Síntese

Quadro 2.2 **Aptidão cardiorrespiratória em crianças e adolescentes**

Seções do capítulo	Objetivos e pontos importantes	Conceitos e elementos que subsidiaram a discussão
2.1 Caracterização dos componentes cardiovasculares. Vimos quais são os componentes responsáveis pelo sistema cardiovascular – que é constituído por órgãos responsáveis por levar o sangue com oxigênio por todos os demais órgãos e tecidos, garantindo um bom funcionamento – e como eles atuam de forma conjunta.	Identificamos os componentes cardiovasculares na avaliação do exercício físico: coração, sangue e vasos sanguíneos.	O coração: Um coração humano tem aproximadamente o tamanho de um punho fechado; O coração pesa cerca de 280 a 340 gramas nos homens e 230 a 280 gramas nas mulheres; O coração bate cerca de 100 mil vezes por dia (cerca de 3 bilhões de batimentos ao longo da vida); O coração de um adulto bate cerca de 60 a 80 vezes por minuto; O coração dos recém-nascidos bate mais rápido do que o dos adultos, cerca de 70 a 190 batimentos por minuto; O coração bombeia cerca de 6 quartos (5,7 litros) de sangue por todo o corpo; O coração está localizado no centro do tórax, geralmente apontando ligeiramente para a esquerda, em um espaço conhecido por *mediastino*.

(continua)

(Quadro 2.2 – continuação)

Seções do capítulo	Objetivos e pontos importantes	Conceitos e elementos que subsidiaram a discussão
2.2 Relação de aptidão cardiorrespiratória e saúde em crianças e adolescentes.	Compreendemos a relação da aptidão cardiorrespiratória com a saúde de crianças e adolescentes. É muito importante que os profissionais de educação física, principalmente os que atuam em escolas, estejam atentos aos principais testes, em especial os de campo e atividades físicas/ exercícios que estimulem melhor a aptidão cardiorrespiratória.	A aptidão cardiorrespiratória satisfatória está associada à diminuição da adiposidade corporal total e abdominal, diminuição da depressão, ansiedade, melhora no estado de humor e autoestima, além de ser considerada fator de proteção para as doenças cardiovasculares; Entre os componentes da aptidão física, a aptidão cardiorrespiratória é a que mais tem relação/benefícios com a saúde, com diminuição dos riscos de DCNT, como hipertensão arterial, diabetes tipo 2, hipercolesterolemia, hiperlipidemia e doenças cardiovasculares; O avanço tecnológico, aliado à insegurança nas ruas, parques e espaços ao ar livre, principalmente nos grandes centros urbanos, tem contribuído para mudanças no estilo de vida de crianças e adolescentes.

(Quadro 2.2 – conclusão)

Seções do capítulo	Objetivos e pontos importantes	Conceitos e elementos que subsidiaram a discussão
2.3 Aspectos fisiológicos da aptidão cardiorrespiratória.	Entendemos os aspectos fisiológicos da aptidão cardiorrespiratória em crianças e adolescentes. A aptidão cardiorrespiratória pode ser aferida e classificada (Rodrigues et al., 2006). É preciso ter cautela quando se trabalha com diferentes fórmulas para cálculo de $VO_2máx$.	Funcionamento do coração, artérias, arteríolas, veias; Uma boa condição cardiorrespiratória diminui as demandas do coração, com redução de riscos de doenças; O preditor de aptidão cardiorrespiratória é o volume de oxigênio máximo ($VO_2máx$); O $VO_2máx$ corresponde ao volume de oxigênio consumido pela pessoa durante a realização de uma atividade física aeróbica; O $VO_2máx$ pode estar relacionado com a genética, é influenciado também pela idade do indivíduo, etnia, composição corporal, nível de treino e tipo de exercício realizado.
2.4 Métodos de avaliação do componente aeróbio.	Conhecemos e aplicamos métodos de avaliação do componente aeróbio da aptidão cardiorrespiratória.	Diferentes métodos de medir o volume de oxigênio; Vantagens e desvantagens nos testes realizados em laboratório ou campo; Testes de esforço.
2.5 Métodos de avaliação do componente anaeróbio.	Conhecemos e aplicamos os métodos de avaliação do componente anaeróbio da aptidão cardiorrespiratória.	Desempenho anaeróbio (ácido lático e metabolismo alático); Exercícios de curta duração e alta intensidade; Testes anaeróbios mais utilizados.

Atividades de autoavaliação

1. Marque a alternativa que **não** corresponde às principais características do sistema cardiovascular:
   a) É constituído por órgãos que são responsáveis por levar o sangue oxigenado até os demais órgãos e tecidos do corpo, garantindo o bom funcionamento do organismo.
   b) O coração, músculo estriado cardíaco, sofre contrações involuntárias e ritmadas; suas células são compostas apenas de um único núcleo, sendo, por isso, chamadas *células mononucleadas*.
   c) É responsável por bombear o sangue nos vasos sanguíneos, que direcionam o sangue até os órgãos.
   d) É responsável por trazer de volta o sangue de todo o corpo, que está com baixa taxa de oxigênio e que precisa passar de novo pelos pulmões, de forma a fazer as trocas gasosas e receber mais oxigênio.
   e) É composto por diversos órgãos, o principal deles é o pulmão.

2. Assinale a alternativa que **não** representa um componente do sistema cardiovascular:
   a) Coração.
   b) Pulmão.
   c) Veias.
   d) Artérias.
   e) Nenhuma das alternativas.

3. Analise as proposições a seguir e marque a alternativa **incorreta**:
   a) A aptidão cardiorrespiratória satisfatória está associada à diminuição da adiposidade corporal total e abdominal, diminuição da depressão e ansiedade, melhora no estado de humor e autoestima, além de ser considerada fator de proteção para as doenças cardiovasculares.

b) A obesidade, caracterizada pelo acúmulo de gordura corporal, é uma doença complexa resultante da interação entre genética e diversos fatores ambientais.

c) O excesso de peso não é um importante fator de risco para diversas comorbidades, como doenças cardiovasculares, alguns tipos de câncer, diabetes tipo 2, problemas articulares, além de problemas psicossociais, como baixa qualidade de vida, problemas de aceitação social, depressão e suicídio.

d) O avanço tecnológico, aliado à insegurança nas ruas, parques e espaços ao ar livre, principalmente nos grandes centros urbanos, tem contribuído para mudanças no estilo de vida de crianças e adolescentes.

e) A escola é um ambiente seguro e com diversas possibilidades. Ela deve ser entendida como um espaço de relações, privilegiado para construção de valores pessoais, conceitos e maneiras de conhecer o mundo. Assim, interfere diretamente na produção social da saúde.

4. Assinale a sentença que **não** corresponde a uma boa aptidão cardiorrespiratória (APCR):

a) Ter uma boa condição cardiorrespiratória diminui as demandas do coração, com redução do risco de doenças.

b) O preditor de aptidão cardiorrespiratória é o volume de oxigênio máximo (VO_2máx).

c) O VO_2máx corresponde ao volume de oxigênio consumido pela pessoa durante a realização de uma atividade física aeróbica, como corrida ou natação. Geralmente é usado para avaliar o condicionamento físico de um indivíduo.

d) O VO_2máx é o melhor preditor de como o sistema de oxigênio se encontra durante o exercício máximo, é de fácil medição e a medida mais representativa da APCR.

e) APCR não tem relação com o VO_2máx em crianças e adolescentes.

5. Qual alternativa é falsa quanto às vantagens e desvantagens dos testes utilizados em laboratório e campo?
   a) Os testes de laboratório têm custo mais elevado e maior precisão.
   b) Os testes de campo têm maior risco e pouca precisão.
   c) Os testes de laboratório são mais demorados para aplicação, assim como os de campo.
   d) Os testes de campo são de fácil aplicação porque atingem um número maior de avaliados e com custos reduzidos.
   e) Os testes de laboratório têm custo mais elevado e maior precisão, e os testes de campo têm maior risco e menor precisão.

6. Qual atividade física melhor representa a capacidade física de velocidade?
   a) Corrida de 100 metros rasos.
   b) Levantamento de peso.
   c) Ginástica olímpica.
   d) Escalada.
   e) Nenhuma das alternativas.

7. (ENADE, 2013) A Organização Mundial de Saúde (OMS) considera que a obesidade é a epidemia global do século XXI. Muitos são os fatores que contribuem para a obesidade em crianças na idade escolar. Esses fatores incluem excesso de horas na utilização de computadores e jogos eletrônicos, ausência de espaços próximos da residência ou seguros para a prática de atividades físicas e dietas hipercalóricas e desbalanceadas.

   Considerando o texto acima, avalie as afirmações a seguir.
   I. O aumento da pressão arterial, as dislipidemias e a resistência à insulina são algumas das possíveis consequências resultantes da obesidade infantil.
   II. Associada à prática regular de atividade física, o profissional de educação física também pode prescrever a restrição do consumo de alimentos com alto teor calórico.

III. Espera-se que a intervenção do profissional de educação física contribua para que o indivíduo reconheça a si próprio e sua relação com o ambiente, conheça os padrões de saúde e adote hábitos saudáveis.

IV. O professor de educação física, ciente da sua responsabilidade educacional com a saúde de seus alunos, deve elaborar atividades físicas a serem executadas diariamente com o objetivo de aumentar a massa muscular, mesmo que causem desconforto aos alunos.

V. A compreensão dos benefícios provocado pelos exercícios físicos poderá motivar as crianças em idade escolar a realizarem atividades com maior frequência, pois é nessa faixa etária que o ser humano perpetua seus hábitos.

É correto apenas o que se afirma em:

a) I e II.
b) I, III e V.
c) II, IV e V.
d) III, IV e V.
e) I, II, III e IV.

8. (ENADE, 2021) Um recurso que pode ser utilizado para planejar, prescrever, acompanhar e avaliar os resultados de um programa de exercício físico é a frequência cardíaca. Ressalta-se que a frequência cardíaca de repouso se modifica com a melhora da potência aeróbia, ou seja, apresenta diminuição com o aumento da potência aeróbia. Assim, existem várias formas diretas e indiretas de sua avaliação para a prescrição e acompanhamento do exercício físico.

POWERS, S. K.; HOWLEY, E. T. Fisiologia do exercício: teoria e aplicação ao condicionamento e ao desempenho. 8. ed. Barueri: Manole, 2014 (adaptado).

Suponha que um profissional de educação física irá prescrever uma intensidade de 60% para o exercício físico aeróbico de uma jovem de 15 anos, com frequência cardíaca de repouso de 70 batimentos por minuto (bpm). Desse modo, os valores de frequência cardíaca para a execução do exercício seriam os apresentados a seguir.

Equação 1

FCmáx = 220 − idade
FCmáx = 220 − 15 = 205 bpm
Frequência cardíaca do treino: 60% de 205 = 123 bpm

Equação 2

FCR = % (FCmáx − FCrep) + FCrep
FCR = 60% (205 − 70) + 70
FCR = 60% (135) + 70
FCR = 81 + 70
FCR = 151 bpm

Equação 3

Frequência cardíaca do treino = (% estimada × FCR) + FCrep
(60% × 151) + 70
Frequência cardíaca do treino = 161 bpm

Em que: FCmáx é a frequência cardíaca máxima; FCR é a frequência cardíaca de reserva; % é a intensidade pretendida do exercício e; FCrep é a frequência cardíaca de repouso.

Com base nas informações do texto e nas equações apresentadas, avalie as afirmações a seguir.

I. As equações apresentadas, por demonstrarem resultados diferentes, podem superestimar ou subestimar a intensidade do exercício proposto.
II. As equações revelam atributos individuais de cada pessoa, ou seja, a equação 1 utiliza a idade e as equações 2 e 3 usam idade e frequência cardíaca de repouso.
III. As equações 1 e 2 levam em consideração uma variável de condicionamento cardiovascular prévio.

É correto o que se afirma em:

a) I, apenas.
b) III, apenas.
c) I e II, apenas.
d) II e III, apenas.
e) I, II e III.

9. (ENADE, 2016) "O sedentarismo na adolescência aumenta a incidência de doenças cardiovasculares na vida adulta, sendo a prática de exercícios físicos aeróbicos indicada para o combate das doenças hipocinéticas, desde que orientadas por profissionais da área de educação física."

> AMERICAN COLLEGE OF SPORTS MEDICINE. Diretrizes do ACSM para os testes de esforço e sua prescrição. 9 ed. Rio de Janeiro: Guanabara-Koogan; 2014 (adaptado).

Caracteriza-se como efeito do treinamento aeróbio em adolescentes:

a) a elevação da frequência cardíaca de repouso.
b) a redução do consumo de oxigênio máximo (VO2 máximo).
c) a redução da velocidade de corrida no início do acúmulo de lactato.
d) o aumento do recrutamento das fibras musculares tipo II, o que pode causar hiperplasia ou hipertrofia mitocondrial.
e) o aumento da diferença entre a frequência cardíaca máxima e a frequência cardíaca de repouso.

Atividades de aprendizagem

Questões para reflexão

1. Por que algumas crianças ou adolescentes sentem dor limitante abaixo das costelas (espécie de dor lateral) quando correm?

2. Crianças e adolescentes com melhor aptidão cardiorrespiratória têm mais capacidade de serem atletas? Se sim, de quais esportes?

3. A aptidão cardiorrespiratória é diferente entre os sexos?

4. Quando nosso corpo acumula ácido láctico, o que ele está nos enviando de mensagem?

5. Por que é importante para a criança ou o adolescente ter uma boa aptidão cardiorrespiratória?

6. Quais os benefícios que a criança ou o adolescente terá com uma boa aptidão cardiorrespiratória?

7. Como trabalhar a aptidão cardiorrespiratória na escola? É possível?

Atividade aplicada: prática

Para a atividade prática, convide o mesmo grupo de crianças e adolescentes da atividade prática do Capítulo 1. Aplique o teste a seguir e depois utilize a classificação da Tabela 2.1, proposta por Rodrigues et al. (2006).

1. Teste de vaivém de 20 metros (Léger et al., 1988)

    O teste de vaivém de 20 metros é um teste duplamente indireto que serve para estimar o valor do VO_2máx (consumo máximo de oxigênio) em crianças, adolescentes e pessoas adultas. Foi desenvolvido por Léger e Lambert em 1982 para avaliar a potência aeróbica máxima de crianças escolares, adultos saudáveis e atletas. O teste é composto por múltiplos estágios progressivos de corrida, com intensidade crescente e que determinam o VO_2máx do indivíduo. Inicia com um trote suave (8,5 Km/h) entre duas linhas demarcadas no chão ou numa quadra distanciada de 20 metros. O sujeito deve ir e vir no ritmo imposto por uma gravação de "bipes", que devem coincidir com o momento que o avaliado tocar as linhas. O teste termina quando o avaliado não aguentar mais acompanhar o ritmo ou quando não atingir, a tempo, a linha por duas vezes consecutivas. O diferencial deste teste é que para sua aplicação são utilizados equipamentos de fácil acesso, um espaço relativamente pequeno e muitas pessoas podem ser avaliadas ao mesmo tempo.

Espaços e materiais necessários para aplicação do teste:

- Espaço físico plano que permita marcar duas linhas paralelas, distantes 20 metros uma da outra. Pode ser uma quadra esportiva, pátio, campo aberto, ginásio.
- Cones, de preferência de tamanho grande, que fiquem bem visíveis para indicar as duas linhas no chão. É importante fazer uma marcação no piso com fita ou giz.
- Qualquer instrumento de medida para demarcar os 20 metros, pode ser uma trena.
- Um celular ou aparelho de som para que os avaliados ouçam o som do bipe.

Procedimentos para realização do teste:

- O avaliador coloca o som. Toda vez que soar o bipe, o aluno avaliado deverá percorrer a distância dos 20 metros e passar pelo menos com um dos pés na marca realizada pelo avaliador (ambos os lados). Toda vez que mudar de fase, o bipe vai encurtando o tempo e o avaliado precisa correr mais rapidamente sem "queimar", mantendo sempre o ritmo daquela fase. À medida que o tempo passa, o som do bipe fica mais próximo, exigindo do avaliado mais velocidade para atingir os dois extremos de forma síncrona.
- Para iniciar o teste, a velocidade indicada é de 8,5 Km/h, aumentando a cada estágio em 0,5 km/h.

- Enquanto o estudante realiza o teste, o avaliador (professor) deverá estar atento e anotando cada mudança de fase, pois, ao final, esse dado será utilizado na fórmula para estimar o VO_2máx. Essa anotação é fundamental, principalmente quando se utiliza o teste em larga escala, ou seja, em várias crianças ou adolescentes ao mesmo tempo.
- O teste finaliza quando o avaliado não conseguir mais acompanhar o bipe, queimando duas vezes de forma consecutiva. Diz-se popularmente que "queimou", e isso significa que a criança ou o adolescente foi até seu limite de esforço. Neste momento é muito importante o professor ficar atento à expressão no rosto do aluno para que ele não venha a passar mal ao final do teste.
- O responsável pela aplicação do teste deve ficar em uma posição que consiga acompanhar visualmente o avaliado. Recomenda-se que seja sempre na metade do percurso, na parte de fora das linhas.
- Sugere-se que crianças ou adolescentes experimentem o teste para compreendê-lo bem antes de realizá-lo até a exaustão. Dependendo do grupo, é essencial o professor demonstrar o ritmo para melhor compreensão das crianças e/ou adolescentes.
- Concluído o teste, aconselha-se que os avaliados realizem recuperação ativa, ou seja, continuem andando até a frequência cardíaca diminuir.

Estimativa do VO_2máx:
- Para a estimativa do VO_2, deve-se ter o resultado do tempo ou estágio que o avaliado conseguiu permanecer no teste. Caso o avaliado seja menor de 18 anos, a idade e a velocidade aeróbica máxima entram na equação, para pessoas com mais de 18 anos, a velocidade é suficiente.
- Menores de 18 anos:

- Em crianças e adolescentes, o VO_2máx pode ser predito através da velocidade máxima aeróbia de corrida (velocidade em Km/h) e a idade (idade em anos arredondados para baixo) por meio da seguinte fórmula (Léger, 1988):

VO_2máx = 31.025 + 3.238 × (velocidade) − 3.248 × (idade) + 0.1536 × (velocidade) × (idade)

Capítulo 3

Aptidão muscular em crianças e adolescentes

A prática do treinamento de força tem sido cada vez mais recomendada para crianças e adolescentes. Esse fato ganha mais força cada vez que importantes organizações publicam um novo posicionamento, por exemplo, a atualização elaborada pela Academia Americana de Pediatria (AAP, 2008), que recomenda a inclusão do treinamento de força nos programas de educação física escolar, de condicionamento físico e prevenção de lesões para crianças e adolescentes, sendo atletas ou não atletas. Além dos ganhos de força, potência e resistência muscular localizada, o treinamento de força promove diversos benefícios para essa população. Entre eles, podemos citar: melhora das habilidades motoras, desenvolvimento do aprendizado motor, redução de lesões, melhora na aptidão cardiovascular, composição corporal, densidade mineral óssea, perfis lipídicos, sensibilidade à insulina (jovens com sobrepeso) e melhora da saúde mental. Este capítulo tem como objetivo geral apresentar os componentes da aptidão muscular, sua relação com a saúde de crianças e adolescentes e os métodos de avaliação dessa aptidão física. Para tanto, abordaremos os seguintes conteúdos relacionados à infância e adolescência: caracterização dos tipos de fibra e contração muscular, relação de aptidão muscular e saúde, aspectos fisiológicos da aptidão muscular, métodos de avaliação de força e de resistência muscular. Ao final do capítulo, esperamos que o leitor seja capaz de diferenciar os tipos de fibra e de contração muscular, compreender a relação da aptidão muscular com a saúde de crianças e adolescentes, identificar os aspectos fisiológicos da aptidão muscular em crianças e adolescentes, assim como conhecer e aplicar métodos de avaliação de força e resistência muscular em crianças e adolescentes.

3.1 Caracterização dos tipos de fibra e contração muscular

Antes de tratarmos da aptidão muscular, é necessário analisarmos os tipos de fibra e contração muscular.

3.1.1 Caracterização dos tipos de fibra

A caracterização das fibras musculares é muito antiga. Em 1873, documentos relatam pesquisas com a coloração dos músculos, sendo classificadas, naquela época, como brancas ou vermelhas, devido a uma reação química durante a biópsia. A cor esbranquiçada do músculo está ligada à alta concentração de mitocôndrias, de mioglobina, que fazem a função de transporte do oxigênio para dentro da mitocôndria, juntamente com um maior número de capilares do que nas fibras vermelhas (Mccomas, 1996).

As fibras também podem ser agrupadas pelo método histoquímico, o qual permite classificar as fibras dos tipos I e II e suas divisões (IIa e IIx). A **imuno-histoquímica** é um método de diagnóstico complementar amplamente utilizado na prática da anatomia patológica que utiliza o princípio antígeno-anticorpo para determinar a expressão de biomarcadores específicos em diferentes tipos de células e tecidos. Essa classificação é feita através da intensidade da coloração das fibras, em razão de suas variações próprias frente ao potencial hidrogeniônico (pH). No contexto geral, as fibras tipo I, quando colocadas em meios ácidos, apresentam grande atividade, porém as fibras tipo II apresentam reações somente em meios neutros; basicamente, isso difere uma da outra (Minamoto, 2005).

Quadro 3.1 Principais diferenças entre as fibras musculares (músculo esquelético)

Métodos de classificação das fibras musculares	Terminologia da classificação de fibras musculares	
Coloração	Vermelha	Branca
Bioquímico	SO	FG/ FOG
Histoquímico	Tipo I	Tipo II
Fisiológico	Contração lenta	Contração rápida
Metabolismo	Oxidativo	Glicolítico
Limiar de fadiga	Alta resistência à fadiga	Baixa/moderada resistência à fadiga
pH	Ácido	Básico

Nota: pH – potencial hidrogeniônico; SO – *slow twitch oxidative*; FG – *fast twitch glycolytic*; FOG – *fast oxidative-glycolytic*.

O **tecido muscular** é composto basicamente por três tipos de fibras musculares:

1. fibras musculares do tipo oxidativas de contração lenta (tipo I, vermelhas e aeróbicas);
2. fibras musculares intermediárias de contração rápida (tipo II B, oxidativas glicolíticas);
3. fibras musculares glicolíticas de contração rápida (tipo II A, brancas e anaeróbicas).

As fibras tipo II são descritas como fibras de contração rápida ou glicolíticas rápidas. Apresentam em sua composição um número pequeno de mitocôndrias e uma limitada capacidade metabólica aeróbica, por isso são pouco resistentes ao índice de fadiga. Importante saber que a tensão das fibras tipo IIx é muito parecida com a fibra tipo IIa, que são fibras consideradas intermediárias, mas que apresentam maior tensão se comparadas às fibras tipo I. Além disso, a atividade de adenosinatrifosfatases (ATPases) da miosina das fibras de tipo IIx é maior do que nos outros tipos de fibras. As ATPases constituem uma classe de enzimas que catalisam a decomposição do trifosfato de adenosina (ATP) em adenosina difosfato (ADP) e um íon de fosfato livre (ATP + H_2O → ADP + Pi + H + energia).

Figura 3.1 Ciclo ATP-ADP

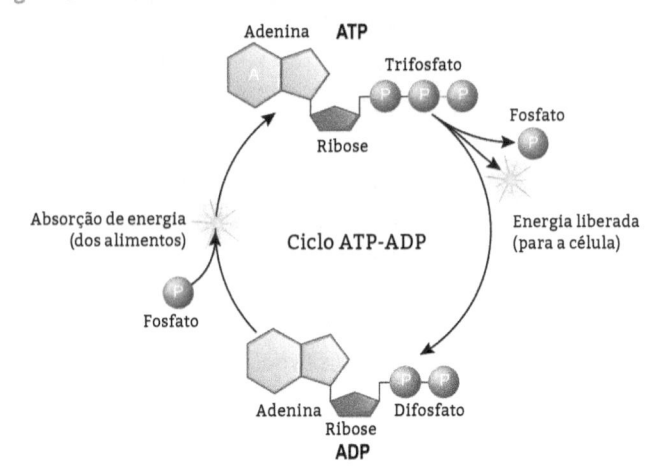

As fibras do tipo I são conhecidas como *oxidativas*. Têm características de contração lenta, com concentrações de mioglobina mais elevadas que as fibras tipo II ou brancas, grande quantidade de capilares e alta atividade enzimática mitocondrial. Por essas características, explica-se a sua capacidade de metabolismo aeróbio e alta resistência à fadiga.

No estudo conduzido por Atomi et al. (1987), observou-se que a área percentual das fibras musculares oxidativas (tipo I) é maior em crianças antes da puberdade, quando comparada à das fibras musculares glicolíticas (tipo II). Já na investigação de Lexell et al. (1992), constatou-se que a proporção de fibras do tipo II aumenta significativamente dos 5 anos (aproximadamente 35%) aos 20 (cerca de 50%), o que, na ausência de qualquer efeito discernível no número total de fibras, é provavelmente causado por uma transformação de fibras do tipo I em fibras do tipo II.

As crianças tendem a apresentar maior proporção de fibras lentas oxidativas (tipo I) e recrutar menos as fibras glicolíticas (tipo II), quando comparadas com os adultos (Andrade; Lira, 2016). A quantidade de massa muscular diminuída nas crianças pode ser a chave para explicar o baixo desempenho em exercícios de potência e velocidade de pico quando em contraste com adolescentes e adultos (Rowland, 2008; Wilmore et al., 2010; Andrade; Lira, 2016).

3.1.2 Caracterização da contração muscular

Os músculos são órgãos especializados em transformar a energia química dos alimentos em energia cinética. Nos músculos, o oxigênio captado pelo sistema respiratório combina-se com o açúcar absorvido a partir da digestão, liberando energia para a promoção da contração muscular.

As fibras musculares contêm os filamentos de proteínas contráteis de actina e miosina, dispostas lado a lado. A contração muscular refere-se ao deslizamento da actina sobre a miosina nas células musculares, permitindo os movimentos do corpo. Esses filamentos se repetem ao longo da fibra muscular, formando o sarcômero. As miofibrilas são formadas por proteínas estruturais, actina e miosina, diferenciadas pelas faixas claras e escuras (Figura 3.2).

O impulso nervoso propaga-se pelo neurônio e atinge a placa motora. A membrana da célula muscular recebe estímulo. Gera-se uma corrente elétrica que se propaga por essa membrana, atinge o citoplasma e desencadeia o mecanismo de contração muscular.

Figura 3.2 Representação esquemática da estrutura que compõe os músculos

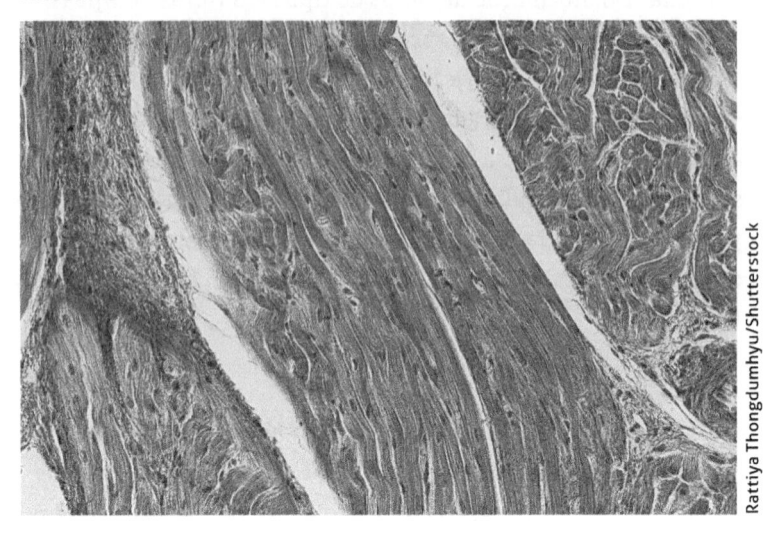

Figura 3.3 Estrutura do músculo, fibras contraídas e relaxadas

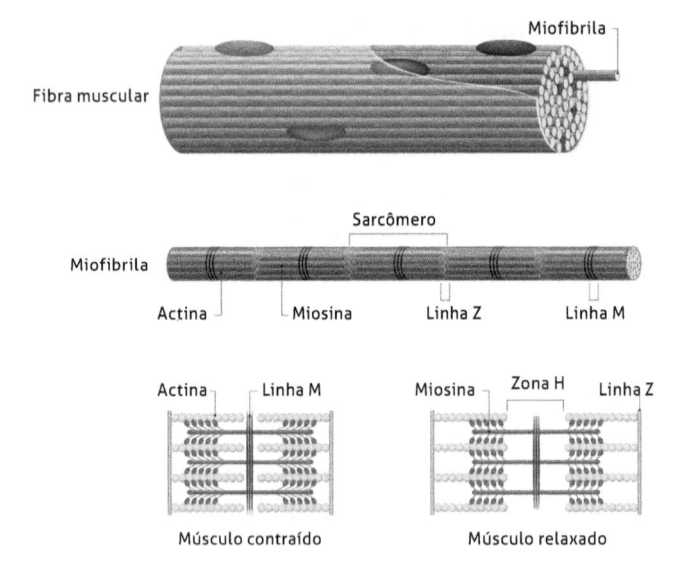

O sistema locomotor é responsável pelos movimentos do nosso corpo, através dos músculos, que têm grande capacidade de contração. Nem todo músculo gera movimento, exemplo é o coração, que possui contração involuntária, caracterizado por músculos estriados cardíacos.

Nosso organismo é formado por diferentes **tipos de músculos**: estriados esqueléticos, estriados cardíacos e não estriados ou lisos. Os músculos não estriados são encontrados em órgãos internos, como a bexiga e o útero, enquanto o cardíaco é encontrado no coração. O músculo estriado esquelético apresenta contração voluntária e está associado ao esqueleto.

Características do músculo estriado esquelético

Constituído por feixes de células de formato cilíndrico, longas e que apresentam vários núcleos (multinucleadas). As fibras musculares esqueléticas possuem estriações transversais, com alternância entre faixas claras (chamadas de *banda I*) e escuras (chamadas de *banda A*). No centro de cada banda I, observa-se a linha Z, uma linha transversal escura. Enquanto na banda A observa-se uma zona mais clara denominada *banda H*.

Duas linhas Z sucessivas que apresentam uma banda A separando duas metades de banda I formam os sarcômeros. Cada banda I é formada por filamentos finos constituídos por actina (proteína relacionada à contração). A banda A é formada por filamentos finos e filamentos grossos, sendo estes últimos constituídos de miosina (proteína relacionada à contração). Na banda H verifica-se apenas a presença de filamentos grossos (ver Figura 3.4).

Figura 3.4 **Organização da fibra muscular**

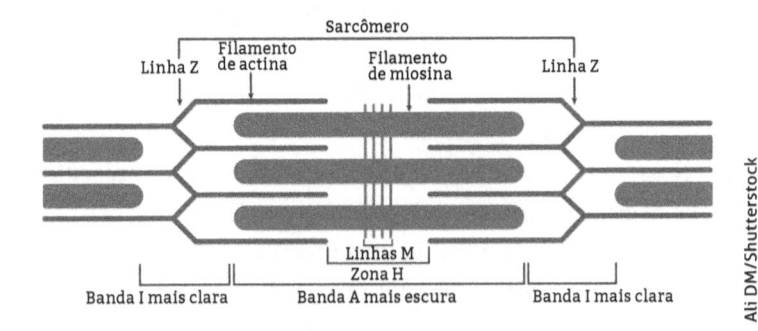

```
                        Sarcômero
           ┌─────────────────────────────────────┐
           │  Filamento    Filamento             │
   Linha Z │  de actina    de miosina   Linha Z  │
           ↓      ↓            ↓           ↓
                          Linhas M
                          Zona H
   └──────────┘└                      ┘└──────────┘
   Banda I mais clara  Banda A mais escura  Banda I mais clara
```

Ali DM/Shutterstock

- **Contração do músculo estriado esquelético**

A contração muscular ocorre quando um sarcômero encontra-se em repouso e os filamentos finos e grossos (actina e miosina) se sobrepõem parcialmente, porém, quando o músculo se contrai, um filamento desliza sobre o outro em grande proporção, diminuindo o seu tamanho. Importante destacar que a contração muscular decorre da ação de impulsos nervosos, liberando íons cálcio que atuarão com moléculas de adenosina trifosfato (ATP) no movimento dos filamentos das miofibrilas. A contração é nada mais do que o deslizamento de um filamento sobre outro. Quando o músculo está em repouso, não existe interação entre essas proteínas.

3.2 Relação de aptidão muscular e saúde em crianças e adolescentes

A aptidão muscular é fundamental para a saúde de crianças e adolescentes, sobretudo para prevenir problemas posturais e articulares, dores lombares e lesões musculoesqueléticas. Uma criança ou um adolescente que apresente índices adequados de força/resistência pode prevenir essas implicações e realizar atividades diárias que requerem o uso da força/resistência, como carregar objetos, transportar a mochila, pedalar, manter a postura (Glaner, 2002; Nahas, 2013). Derivada da contração muscular, a força nos permite movimentar o corpo todo ou apenas seus segmentos, deslocar objetos, resistir a pressões e sustentar cargas (Nahas, 2013).

Figura 3.5 Alterações musculares em meninos pré-puberes

SciePro/Shutterstock

A força muscular em crianças é influenciada pelo aumento das dimensões anatômicas, pela maturação do sistema nervoso central (SNC) e sexual, ou seja, a cada ano cronológico, existe uma tendência de aumento de massa muscular até o último estirão de crescimento. Importante destacar que não há diferença significativa na força entre meninos e meninas durante a infância e o início da adolescência.

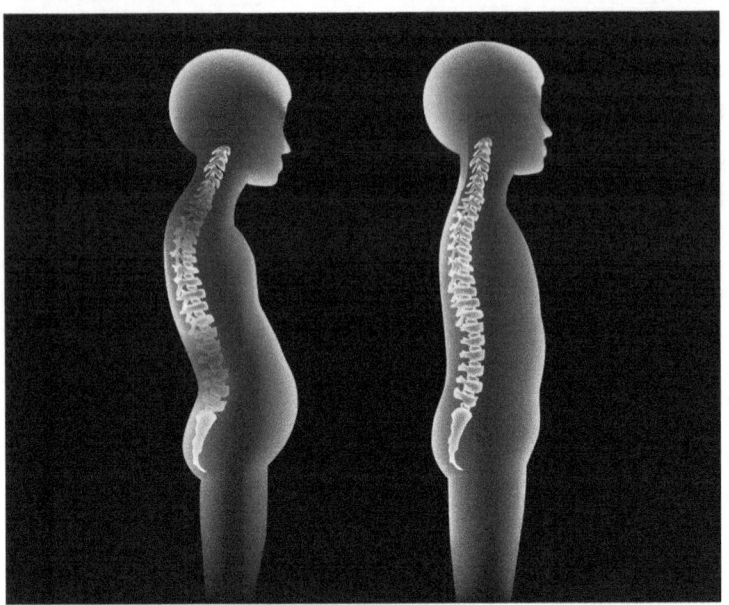

Figura 3.6 Posturas incorreta (com aumento de tensão na coluna cervical e lombar) e correta (com bom equilíbrio de força muscular)

Após essa fase, os meninos começam a ter aumento de força, o que nas meninas não ocorre significativamente. Essas alterações substanciais na síntese e na liberação de hormônios como a testosterona e GH (hormônio do crescimento), com a proximidade do período pubertário, explicam provavelmente a diferença no desenvolvimento e são determinantes para que sejam observadas as diferenciações em favor dos meninos (Pan; Wei, 2022). A concentração de testosterona, em meninos e meninas pré-púberes, fica entre 20 e 60 ng/100mL; enquanto durante a puberdade esses níveis em meninos aumentam para aproximadamente 600 ng/100mL, ao passo que permanecem inalterados em meninas. Ao mesmo tempo que aumenta a força em meninos, deve-se ter cuidado com uma série de alterações morfológicas (Figura 3.5) e funcionais que diminuem a capacidade dos tecidos que compõem o sistema locomotor passivo (tendões, ligamentos, ossos) de suportar carga mecânica.

Em situação de treinamento, adolescentes podem ter os mesmos resultados alcançados em adultos, porém deve ser enfatizado o trabalho mais geral do que treinamentos mais específicos com cargas de alta intensidade (Genc; Cigerci, 2019).

Figura 3.7 Hormônio de crescimento e molécula de testosterona

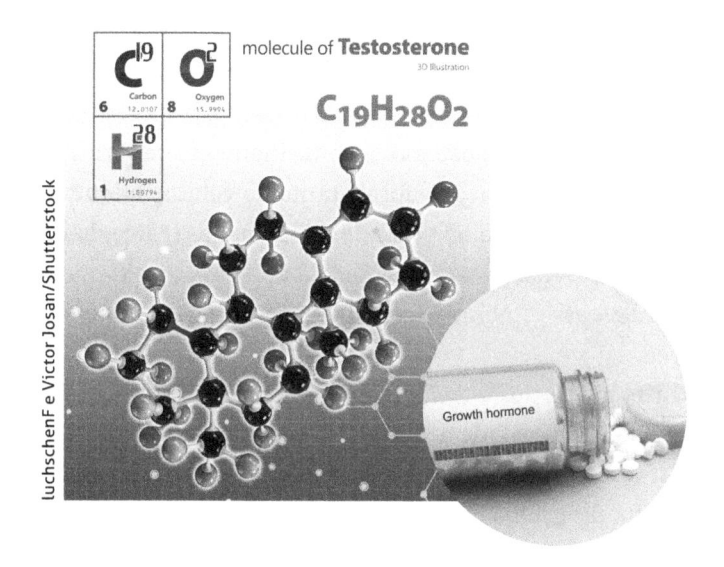

3.2.1 Evidências científicas da aptidão muscular em crianças e adolescentes

Estudos que analisaram a resistência e a força muscular apresentaram alta correlação com a autonomia do indivíduo, também apontaram que quanto mais jovem for o indivíduo submetido ao trabalho de aptidão muscular, melhor serão as respostas quando adultos, além de ser um trabalho preventivo (Araújo; Araújo, 2000).

Existem muitos mitos sobre treinamento de força em crianças e adolescentes. A Academia Americana de Pediatria (AAP, 2008) recomenda o treinamento com pesos em crianças e adolescentes, denominado *treinamento resistido*. Em pré-adolescentes e adolescentes, o treinamento resistido pode aumentar a força muscular mesmo que a criança treine uma vez por semana, embora treinar mais de uma vez traga benefícios extras ao corpo. Vale lembrar que o treinamento de força em crianças auxilia na aquisição de habilidades específicas para alguns esportes, além de refinar o controle postural. Se o treinamento resistido for interrompido, os ganhos de força, tanto no volume quanto na potência, desaparecem no prazo de seis semanas (Faigenbaum; Myer, 2010). Por fim, para obter benefícios à saúde, o treinamento de força deve ser combinado com um programa de treinamento aeróbico.

Outro benefício do treinamento de força em adolescentes é a melhoria na qualidade de sono. O estudo de Lyra et al. (2017), sobre treinamento de força e qualidade de sono, mostrou que mesmo um programa de treinamento de força de curto prazo – ou seja, de quatro semanas – foi capaz de melhorar a qualidade global do sono. E uma única sessão de exercício de força é capaz de melhorar a qualidade do sono em adolescentes. Os resultados ampliam para a literatura que essa modalidade de exercício também tem efeitos crônicos. Em conjunto, esses resultados destacam os benefícios do treinamento de força na qualidade do sono em diferentes faixas etárias (Lyra et al., 2017).

Avaliar a aptidão muscular é de suma importância em crianças e adolescentes, testes como, por exemplo, o de resistência abdominal evidenciam que seu fraco desempenho pode causar problemas posturais e articulares e lesões musculoesqueléticas (Silfies et al., 2005).

3.3 Aspectos fisiológicos da aptidão muscular

Alguns aspectos devem ser observados e considerados durante as fases de infância e adolescência que influenciarão diretamente a aptidão muscular nesta população, entre eles: sexo, crescimento (regulação hormonal), composição corporal (quantidade de massa magra) e maturação.

3.3.1 Maturação e processo de crescimento

É na adolescência que observamos boa parte das alterações físicas, cognitivas e psicossociais. Essa fase tem duração de quase 10 anos, período em que acontece o desenvolvimento dos caracteres sexuais secundários, o ganho acelerado de estatura e peso e as alterações da composição corporal (Goldberg et al., 2004). Somam-se a isso: aceleração do crescimento, aumento nos níveis de testosterona, diferenciação nas fibras musculares de contração lenta e rápida, diferenciação entre os sexos (antropometria e massa muscular) e menarca (início da função menstrual).

As diferenças físicas e psicológicas são resultantes de potenciais genéticos e velocidades diferentes de crescimento (Fleck; Kraemer, 2006). Com relação ao desenvolvimento do treinamento de força, Fleck e Kraemer (2006) afirmam que a idade fisiológica é mais importante do que a cronológica, pois determina as capacidades e os desempenhos funcionais da pessoa.

Em um artigo de revisão de Benedet et al. (2013), os autores estudaram 275 artigos relacionados ao treinamento de força em crianças e adolescentes e apresentaram uma síntese dos resultados dos **principais indicadores relativos ao treinamento resistido**: as características dos exercícios e das sessões devem ser de 8 a 12 exercícios estruturais para todo o corpo; 8 a 15 repetições; volume moderado; intensidade moderada a baixa; isotônico;

treinamento cardiovascular e de flexibilidade concomitante; 2 a 3 vezes na semana em dias alternados; sessões variadas sistematicamente; uso inicial do peso do corpo seguido de equipamentos ou acessórios adequados ergonomicamente ao corpo da criança ou do adolescente. Ademais, os treinamentos devem enfatizar a amplitude completa; utilizar técnica correta; dispor de ambiente, materiais e equipamentos adequados e seguros para a faixa etária; contar com a supervisão sempre de um profissional de educação física; enfocar a ingestão adequada de líquidos e alimentos; priorizar força, resistência, equilíbrio e coordenação.

Alguns estudos mostram que os treinamentos de força em meninos e meninas são similares. No entanto, algumas diferenças no desenvolvimento devem ser consideradas. O ganho de força em meninos pré-púberes chega ao pico juntamente com o pico de velocidade de crescimento, enquanto nas meninas ocorre antes (Naughton et al., 2000). Independentemente do tempo, meninos têm maior ganho de força quando comparado às meninas (Fleck; Kraemer, 2006). Esse é um ponto de referência para se trabalhar a força em pré-púberes, por isso é indispensável entender os princípios básicos do crescimento e desenvolvimento para qualificar o trabalho.

3.3.2 Principais adaptações ao treinamento de força

Fleck e Kraemer (2006) conceituam *adaptação* como o processo fisiológico pelo qual o organismo responde ao exercício. Por adaptação fisiológica entende-se a capacidade funcional que o organismo tem de integrar fatores ambientais e genéticos, resultado de respostas fisiológicas segundo critérios definidos, como a dose do esforço e o tipo de exercício. O exercício físico tem o papel de induzir o músculo esquelético a diferentes adaptações. Segundo Coffey e Hawley (2007, p. 740, tradução nossa):

recentes avanços moleculares, dentro da perspectiva ômica, como a proteômica e a metabolômica, vêm descrevendo e quantificando de dezenas a milhares de genes, peptídeos, proteínas e metabólitos em uma única amostra biológica, o que tem fornecido importantes informações acerca das modificações moleculares sofridas pelo músculo esquelético em resposta ao exercício físico.

Em termos gerais, o músculo esquelético apresenta a destacada maleabilidade de adaptação funcional à atividade contrátil. Essas adaptações são refletidas por mudanças na expressão de proteínas contráteis e por modificações na função contrátil.

Adaptação anatômica

Além das adaptações fisiológicas, o treinamento vigoroso de força desenvolve tensão em ligamentos e tendões, partes que levam mais tempo para se adaptarem do que os músculos. Bompa e Cornacchia (2000) afirmam que indivíduos treinados após um período de descanso, e iniciantes em treinamento de força, necessitam de 6 a 12 semanas para atingirem modificações significativas nos tendões e ligamentos. Essa adaptação é proporcionada por um treinamento progressivo e não estressante que ative todos os músculos, ligamentos e tendões, visando ajudar o indivíduo a passar para outra fase mais intensa de treinamento, livre de lesões.

Hipertrofia muscular

A hipertrofia não é nada mais do que o aumento na área da seção transversa de cada fibra muscular, fruto da realização de exercícios físicos. De modo mais simples, podemos dizer que hipertrofia muscular é a resposta fisiológica resultante da adaptação celular frente a uma maior exigência de trabalho. A hipertrofia pode acontecer nas seguintes condições: acréscimo da seção transversal do músculo esquelético; aumento de volume das fibras (treino de força); e aumento de atividade das células satélites, que se encontram na periferia das células musculares, sendo responsáveis pela sua reparação e manutenção.

Bompa e Cornacchia (2000) ainda apontam que o hormônio sexual masculino testosterona assume papel importante no crescimento muscular. Os hormônios de crescimento (GH) também promovem o crescimento corporal através do processo de diferenciação celular de condroblastos, fibroblastos e mioblastos. Segundo Gomes e Tirapegui (2008, p. 66), "a atividade física parece influenciar nos níveis plasmáticos e musculares de IGF-1 de acordo com a idade, a dieta, o tipo e a intensidade do exercício praticado. As proteínas transportadoras dos IGFs (IGFBPs 1, 2, 3, 4, 5 e 6) assumem função reguladora sobre esses peptídios e os transportam pela corrente sanguínea, além disso, também são influenciadas pela atividade física". Na infância, a massa muscular se mostra relativamente pequena, com o passar da idade e a chegada da puberdade, há o aumento da produção hormonal, assim, a força aumenta, evidenciando a chegada na segunda fase da vida, a adolescência (Wilmore et al., 2010).

Adaptações neuromusculares

As adaptações neuromusculares acontecem durante o treinamento, por meio da ligação de um nervo com o músculo em ativação, decorrente do exercício de força ou sobrecarga imposta pelo treinamento anaeróbio (Baeche; Earle, 2009). Ganhos em força muscular podem ser explicados por mudanças no padrão de recrutamento de unidades motoras e pelo sincronismo delas para agir em união, o que facilita a contração e aumenta a capacidade do músculo de gerar força (Bompa; Cornacchia, 2000; Wilmore; Costill, 2001).

Em iniciantes, o treinamento de força promove adaptações neuromusculares, aumentando assim o nível de força e potência em diferentes faixas etárias, também promove aumento da massa muscular, resultando na hipertrofia. Evidências científicas apontam ganho de força em pré-púberes relacionado a mecanismos neurais. Para McArdle, Katch e Katch (2003), o aumento da força em crianças resulta de processos de aprendizagem e, consequentemente, de ativações neuromusculares de qualidade, e não somente de aumentos substanciais no tamanho dos músculos. Da mesma forma, Silva (2002, p. 41) afirma que

> do ponto de vista fisiológico nas crianças pré-púberes, este aumento ocorre devido à melhoria na frequência de transmissão e recrutamento das fibras motoras e não necessariamente à hipertrofia, fato que só passa a ocorrer com a puberdade, devido ao aumento da quantidade de hormônio de crescimento, sendo que nos meninos ainda há o aumento da testosterona, o que tende a favorecer algumas respostas relacionadas à melhoria da força.

É na adolescência, em virtude da atuação hormonal, que existe um crescimento acentuado do músculo decorrente do treinamento de força. Assim, esse crescimento pode começar após a adolescência, quando os perfis hormonais de homens e mulheres adultos começam a surgir. De acordo com Fleck e Kraemer (2006, p. 355), "após a puberdade, o treinamento de força tem a capacidade de aumentar a hipertrofia muscular para além daquela alcançada no crescimento normal. Entretanto, devido às diferenças nos períodos de maturação entre as crianças, deve-se avaliar esse objetivo individualmente".

No Quadro 3.2, apresentamos os riscos e benefícios do treinamento de força na adolescência segundo diferentes entidades internacionais na área de educação física e esportes.

Quadro 3.2 Riscos e benefícios do treinamento de força na adolescência

	Entidades		
	Fernández, Saínz e Garzón (2002)	ACSM (2002)	AAP (2008)
Objetivo	Desenvolvimento da força de construção (trabalho generalizado e equilibrado de todos os grupos musculares); Desenvolvimento da força explosiva e da resistência de força.	Reforço de um estilo de vida saudável através do treinamento de força.	Reporte de benefícios e riscos do treinamento de força para crianças e adolescentes).
Benefícios	Melhoria da coordenação neuromuscular.	Ganhos na força muscular, melhora das habilidades motoras; menor taxa de lesões em comparação aos desportos de contato.	Aumento da força muscular em pré-adolescentes.
Problemática/ Limitações	Alto risco de lesão no trabalho de força máxima.	Lesões relacionadas à falta de supervisão e instrução ou técnica inadequada.	Lesões nas epífises em levantadores de pesos imaturos esqueleticamente.
Recomendações	Não trabalho com a força máxima; Realização de exercícios com peso do próprio corpo ou cargas leves que não devem ultrapassar 10% do peso corporal; Utilização de saltos, lançamentos e atividades lúdicas.	Iniciantes carga leve; 1-3 séries de 6-15 repetições; 2 a 3 vezes por semana.	Início sem carga; 8-15 repetições de 20-30 minutos; 2 a 3 vezes por semana.

Nota: ACSM – American College of Sports Medicine; AAP – American Academy of Pediatrics.

Especificamente no que se refere ao trabalho de força com crianças e adolescentes, existem preocupações sinalizadas por alguns autores:

1. Pode acarretar uma série de lesões ósteo-mio-articulares, favorecendo a inibição do crescimento e prejudicando a estatura final (Silva, 2002).
2. Não deve ser iniciado antes dos 7-8 anos de idade devido à imaturidade dos sistemas relacionados com o equilíbrio e manutenção da postura (AAP, 2008).
3. Para McArdle, Katch e Katch (2003), em razão da natureza formativa do sistema esquelético das crianças em crescimento, lesões podem ocorrer por causa da sobrecarga musculoesquelética excessiva.
4. O perfil hormonal de uma criança carece do desenvolvimento pleno, particularmente o hormônio testosterona. Assim, pode-se questionar se o treinamento resistido em crianças é capaz de induzir aprimoramentos significativos da força muscular.
5. Para Goldberg et al. (2003), o treinamento de força intenso em adolescentes pode acarretar decréscimo nos níveis de IGF-I (fator de crescimento para insulina) e, consequentemente, reduzir o crescimento e a estatura final.
6. Fleck e Kraemer (2006) apontam que problemas na coluna são as lesões mais comuns decorrentes do treinamento de força, causados pela incorreta execução de exercícios. Nessa população, a coluna vertebral não foi devidamente alinhada e os grupos musculares adicionais recrutados não foram preparados, acontecendo, assim, as lesões. Deve-se ter cuidado especial com lesões no disco epifisário (cartilagem do crescimento).

Por outro lado, existem autores que aconselham o treinamento de força em crianças, desde que sejam respeitados alguns princípios do treinamento:

1. Jesus e Marinho (2006, p. 4) aconselham: "a utilização de exercícios contra resistência, se realizado de forma adequada, proporciona um excelente meio de fortalecimento dos músculos do abdome e da região lombar, de modo a sustentar e proteger a coluna vertebral".
2. Fleck e Kraemer (2006, p. 353) sugerem: "se tratando de densidade mineral óssea, o treinamento de força pode apresentar um efeito favorável em pré-púberes e adolescentes em ambos os sexos".
3. Em concordância com Fleck e Kraemer (2006) e citados por eles, Khan et al. (2000, p. 353) afirmam que "essa é uma consideração importante para a saúde óssea a longo prazo, já que estudos de ex-atletas e de atletas em destreinamento mostram que aqueles que aumentam sua densidade mineral óssea na adolescência podem apresentar menor perda óssea nos anos seguintes, apesar da redução na atividade física". Todo treinamento de força realizado durante os anos da pré-puberdade e adolescência pode ajudar a prevenir uma osteoporose futura.
4. Estudos comprovam que há forte associação entre massa óssea e força dos músculos adjacentes. Isso quer dizer que o incremento da massa muscular reflete em aumento da massa óssea, ou seja, os músculos, uma vez estimulados, irão desencadear aumento osteoblástico na região óssea próxima do local onde se inserem.
5. Ao realizar exercício físico de forma contínua, o organismo promove adaptações morfológicas, tais como: aumento da espessura cortical e maior conteúdo ósseo na inserção musculotendínea.
6. O treinamento de força, em geral, bem orientado e respeitando a individualidade biológica da criança e do adolescente, promove a hipertrofia muscular, níveis de força e resistência muscular elevados, aumento da secreção

de hormônios anabólicos, redução da dor em pacientes que sofrem de dores lombares, melhora da mobilidade, do metabolismo da glicose e da sensibilidade à insulina e basal elevado (Oliveira; Lopes; Risso, 2003).

3.4 Métodos de avaliação de força em crianças e adolescentes

Os testes de força muscular são descritos de acordo com a especificidade de sua manifestação, que pode ser dividida em: força muscular máxima, explosiva ou potência muscular e resistência muscular. Segundo Morrow et al. (2014, p. 25), o conceito de força muscular pode ser definido como "a tensão que resulta da contração muscular", já Moir (2015) afirma que a força máxima é aquela em que o músculo ou um grupo de músculos é submetido à resistência externa, partindo de um instante zero até atingir sua plenitude máxima.

Pate, Oria e Pillsbury (2012, p. 23, tradução nossa) definem a força muscular máxima como a "capacidade de um músculo ou grupo muscular em desenvolver voluntariamente uma força ou torque máximo em uma ou mais articulações, comumente em repetição única e em condições específicas, como velocidade, padrão de movimento e tipo de ação muscular (concêntrica, excêntrica ou isométrica)".

Guedes e Guedes (2006) definem a força explosiva ou potência muscular como a capacidade que um grupo muscular tem de realizar trabalho (esforço máximo) no menor tempo possível.

Os testes de força muscular devem ser adequados, levando em consideração a idade e o crescimento da criança e do adolescente. Os testes de uma repetição máxima (1RM) são considerados padrão-ouro, mas a necessidade de tempo e de ambientes altamente controlados os torna pouco exequíveis para a maioria dos casos. Então, uma alternativa viável são os testes de campo de força muscular, entre eles, os mais recomendados pela literatura atual são os testes de preensão manual e salto horizontal, que são de fácil aplicação e baixo custo. Para acompanhamento das intensidades, pode ser usado o Teste de Percepção Subjetiva do Esforço (PSE) e a escala de Borg.

O Quadro 3.3 mostra os principais testes de força específicos para crianças e adolescentes, com o tipo de força avaliada, descrição do teste e valores normativos.

Quadro 3.3 Principais testes de resistência de força e potência muscular específicos para crianças e adolescentes

Teste	Componente avaliado	Variações de abordagem	Descrição do teste em	Valores normativos
Barra fixa em isometria (*flexed/bent arm hang test*)	Força máxima isométrica, resistência muscular, força e resistência relativas	—	Ekblom, Oddsson e Ekblom (2007)	Ortega et al. (2011)
Barra fixa (*pull up*)	Força máxima e resistência muscular dos membros superiores	Modificado para realização em ângulo reto no ombro. Limitação de tempo (30 ou 60 segundos)	Saint Romain e Mahar (2001)	Moir (2015)
Flexão de braços (*push up*)	Força máxima e resistência muscular dos membros superiores	Limitado em 90° de flexão	Saint Romain e Mahar (2001)	Santos et al. (2014)
Abdominal completo (*sit up*)	Resistência dos músculos abdominais e flexores do quadril e força funcional de tronco	Pernas estendidas e pernas flexionadas	Ekblom, Oddsson e Ekblom (2007)	Tomkinson et al. (2018)

(continua)

(Quadro 3.3 – conclusão)

Teste	Componente avaliado	Variações de abordagem	Descrição do teste em	Valores normativos
Abdominal curto (*curl up*)	Resistência muscular abdominal	Limitação de tempo (30 ou 60 segundos) Cadência estipulada	Knudson e Johnston (1998)	Santos et al. (2014)
Força de preensão manual (*handgrip strength*)	Força isométrica máxima	Cotovelos a 90° ou estendidos	España--Romero et al. (2008)	Tomkinson et al. (2018)
Salto horizontal (*standing broad/long jump test*)	Força máxima e potência de membros inferiores	Com ou sem contramovimento Com ou sem movimentação de braço	Ekblom, Oddsson e Ekblom (2007)	Ortega et al. (2011)
Arremesso	Força máxima, potência de membros superiores e procedimentos descritos	Bolas de diferentes pesos	—	—

Fonte: Lima et al., 2020, p. 11.

3.4.1 Testes de força: procedimentos e cuidados

Nos testes de força, devem ser observados os procedimentos de avaliação. É preciso a assinatura dos termos de assentimento e consentimento (para menores de 18 anos) com explicação dos protocolos adotados para a pesquisa, se for o caso. Também devem ser informados os benefícios *versus* os riscos a que a criança ou o adolescente será submetido, conforme já estudamos no Capítulo 1, sobre princípios éticos da avaliação física.

Para a aplicação dos testes de força, Miller (2015) indica que é importante ter conhecimento dos fatores que afetam a expressão da força muscular e reconhecer que eles não podem ser controlados. O professor, antes de escolher um teste específico de força muscular, deve considerar a especificidade do teste, o protocolo de aquecimento antes do início, além da programação e da ordem de execução dos testes de força muscular.

3.5 Métodos de avaliação de resistência muscular em crianças e adolescentes

Primeiramente, é primordial entendermos que o conceito de resistência muscular, segundo Nahas (2013, p. 53), refere-se à "capacidade de um grupo muscular exercer repetidamente as mesmas contrações pelo maior tempo possível sem que haja uma diminuição significativa da eficiência do trabalho realizado".

Existem diferentes métodos para se avaliar a resistência muscular em crianças e adolescentes. Moir (2015) ressalta que um teste de resistência muscular pode ser realizado de duas maneiras. Se forem utilizadas contrações isométricas, ele medirá o tempo máximo de manutenção do indivíduo em determinada posição. No caso da utilização de contrações isotônicas, o resultado do teste será o maior número de repetições até a fadiga.

Baker e Newton (2005, p. 29, tradução nossa) sugerem:

> utilizar um mínimo de 10 repetições para um teste de resistência muscular. Portanto, para contrações isométricas, não há um tempo estipulado para que o teste seja considerado de resistência. Os testes dinâmicos de resistência muscular podem ser realizados com um tempo predeterminado (por exemplo, 30 ou 60 segundos) ou não, bem como com uma cadência predeterminada ou não.

Existem vantagens e desvantagens para cada método. O melhor método deve ser adequado à idade e aquele que o indivíduo consiga realizar de forma correta, independentemente se por tempo ou exaustão (Lima et al., 2020).

A resistência muscular auxilia qualquer pessoa a obter autonomia na realização de suas tarefas diárias, assim como uma melhor *performance* nos esportes e exercícios físicos no geral, pois entre os benefícios que podem ser desenvolvidos estão o aumento da aptidão cardiovascular e da resistência à fadiga. Por intermédio do treinamento da resistência muscular, conquista-se uma definição muscular muito evidente, em virtude do fortalecimento da musculatura (tônus muscular) e da consequente oxidação da camada lipídica subcutânea decorrente do treinamento. Existem inúmeros testes para medir essa capacidade física, sendo que os mais usados são o teste de resistência abdominal e o teste de apoio de frente sobre o solo. Esses testes consistem em executar o máximo de repetições do exercício no período de um minuto.

Para o teste de resistência abdominal, pode ser realizado o teste de força de um minuto. Os avaliados se posicionam em decúbito dorsal com os joelhos flexionados a 45 graus e com os braços cruzados sobre o tórax, em forma de "x", tocando cada mão em um dos ombros. Ao sinal de início do teste, a criança ou o adolescente inicia o movimento subindo o tórax até seus cotovelos tocarem nas coxas, retornando à posição inicial – não há necessidade de encostar no colchonete após cada execução. O resultado do teste de um minuto é a quantidade de flexões abdominais que a criança ou o adolescente realiza durante um minuto cronometrado. O teste pode ser repetido duas vezes, desde que haja um repouso entre as repetições. O melhor resultado deve ser computado.

Tabela 3.1 Referência de número de flexões abdominais realizadas por crianças e adolescentes (por idade e sexo) no teste abdominal de 1 minuto

Idade	Valor referencial	
	Meninas	Meninos
11	≥ 15	≥ 15
12	≥ 18	≥ 18
13	≥ 18	≥ 21
14	≥ 18	≥ 24
15	≥ 18	≥ 24
16	≥ 18	≥ 24

Fonte: Meredith; Welk, 2017, p. 75-76, tradução nossa.

Outro teste muito realizado em crianças e adolescentes é o teste de força explosiva de membros inferiores, o qual consiste em uma de impulsão horizontal, e os avaliados são orientados a se posicionar atrás de uma linha reta e saltar de um ponto até a distância mais longa que conseguirem. O espaço pode ser aferido por trena ou fita métrica. Os avaliados também podem realizar duas tentativas.

Figura 3.8 Teste de força explosiva

Tabela 3.2 Referência de resultados do teste de força explosiva dos membros inferiores (salto em distância)

Sexo	Idade	Fraco	Razoável	Bom	M. Bom	Excelência
Masculino	7	< 111	111 - 121	122 - 133	134 - 159	>= 160
	8	< 118	118 - 127	128 - 139	140 - 165	>= 166
	9	< 129	129 - 139	140 - 151	152 - 178	>= 179
	10	< 135	135 - 146	147 - 157	158 - 187	>= 188
	11	< 140	140 - 151	152 - 164	165 - 191	>= 192
	12	< 149	149 - 159	160 - 173	174 - 203	>= 204
	13	< 159	159 - 169	170 - 184	185 - 216	>= 217
	14	< 170	170 - 183	184 - 199	200 - 230	>= 231
	15	< 180	180 - 193	194 - 209	210 - 242	>= 243
	16	< 186	186 - 199	200 - 214	215 - 248	>= 249
	17	< 186	186 - 203	204 - 219	220 - 250	>= 251
Feminino	7	< 94	94 - 105	106 - 115	116 - 146	>= 147
	8	< 105	105 - 112	113 - 126	127 - 152	>= 153
	9	< 116	116 - 126	127 - 139	140 - 165	>= 166
	10	< 123	123 - 133	134 - 145	146 - 173	>= 174
	11	< 127	127 - 137	138 - 149	150 - 179	>= 180
	12	< 130	130 - 140	141 - 154	155 - 184	>= 185
	13	< 133	133 - 144	145 - 159	160 - 189	>= 190
	14	< 134	134 - 146	147 - 160	161 - 198	>= 199
	15	< 135	135 - 147	148 - 162	163 - 198	>= 199
	16	< 131	131 - 142	143 - 158	159 - 191	>= 192
	17	< 121	121 - 134	135 - 152	153 - 189	>= 190

Fonte: Proesp, 2023.

Não menos importante, temos o teste de potência para membros superiores, que consiste em arremessar uma *medicine ball* o mais longe possível em posição sentada com a coluna ereta. Também podem ser realizadas duas tentativas, sendo considerada a que alcançar o melhor arremesso.

Figura 3.9 Posição inicial do teste de potência para membros superiores

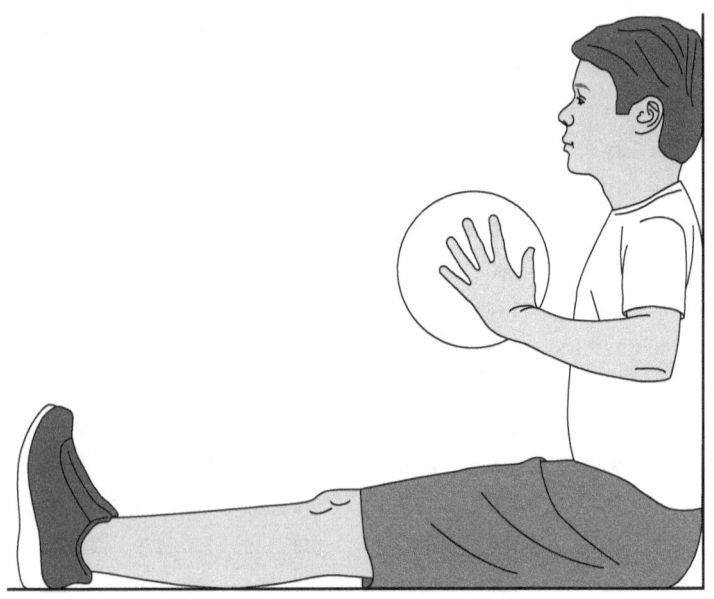

Fonte: Gaya et al., 2021, p. 13.

Tabela 3.3 Valores de referência da força explosiva de membros superiores no teste de arremesso da *medicine ball*

Sexo	Idade	Fraco	Razoável	Bom	M. Bom	Excelência
Masculino	7	< 164	164 - 179	180 - 201	202 - 249	>= 250
	8	< 180	180 - 199	200 - 224	225 - 269	>= 270
	9	< 200	200 - 219	220 - 249	250 - 299	>= 300
	10	< 212	213 - 239	240 - 269	270 - 329	>= 330
	11	< 238	238 - 260	261 - 293	294 - 361	>= 362
	12	< 264	264 - 296	297 - 329	330 - 422	>= 423
	13	< 300	300 - 339	340 - 389	390 - 499	>= 500
	14	< 350	350 - 399	400 - 449	450 - 561	>= 562
	15	< 400	400 - 439	440 - 499	500 - 608	>= 609
	16	< 453	453 - 499	500 - 552	553 - 699	>= 700
	17	< 480	480 - 521	520 - 589	590 - 689	>= 690
Feminino	7	< 153	153 - 161	162 - 179	180 - 216	>= 217
	8	< 167	167 - 184	185 - 199	200 - 246	>= 247
	9	< 185	185 - 200	201 - 225	226 - 279	>= 280
	10	< 200	200 - 219	220 - 244	245 - 301	>= 302
	11	< 220	220 - 246	247 - 276	275 - 329	>= 330
	12	< 241	241 - 269	270 - 299	300 - 369	>= 370
	13	< 265	265 - 294	295 - 322	232 - 399	>= 400
	14	< 280	280 - 309	310 - 343	344 - 417	>= 418
	15	< 300	300 - 329	330 - 359	360 - 429	>= 430
	16	< 320	320 - 339	340 - 369	370 - 449	>= 450
	17	< 310	310 - 339	340 - 374	375 - 440	>= 441

Fonte: Proesp, 2023a.

É de fundamental importância realizar treinamento resistido em crianças, porém, existem alguns indicadores que devem ser respeitados; acompanhe a seguir.

Quadro 3.4 Síntese dos principais indicadores relativos ao treinamento resistido para crianças e adolescentes

Características dos exercícios e da sessão	Realizar 8 a 12 exercícios estruturais para todo o corpo; 8 a 15 repetições; volume moderado; intensidade moderada a baixa; isotônico; treinamento cardiovascular e de flexibilidade concomitante; 2 a 3 vezes na semana em dias alternados; variar sistematicamente as sessões; utilizar inicialmente o peso do corpo seguido de equipamentos ou acessórios adequados ergonomicamente.
Enfatizar	Amplitude completa; técnica correta; ambiente, materiais e equipamentos adequados e seguros; supervisão por adulto qualificado; relação instrutor/aluno não maior que 1:10; ingestão adequada de líquidos e alimentos; priorizar força, resistência, equilíbrio e coordenação.
Evitar	Intensidade e volume elevados; caráter competitivo, *power lifting* e *body building*; esteroides anabolizantes e substâncias ilícitas; suplementos de forma arbitrária; equipamentos e ambiente do adulto.
Mitos	Treinamento resistido provoca lesões e compromete indicadores antropométricos (peso e estatura), cardiorrespiratórios, hemodinâmicos e flexibilidade.
Verdades	Treinamento rigoroso pode prejudicar a saúde; programas adequados à maturidade física e emocional são seguros e promovem melhorias nas habilidades motoras, no bem-estar psicossocial e na resistência a lesões.

Fonte: Benedet et al., 2013, p. 45.

▎ *Síntese*

Quadro 3.5 Aptidão muscular em crianças e adolescentes

Seções do capítulo	Objetivos e pontos importantes	Conceitos e elementos que subsidiaram a discussão
3.1 Caracterização dos tipos de fibra e contração muscular.	Entender os tipos de fibra e de contração muscular. Existem dois tipos de fibras musculares que desempenham funções diferentes em nosso organismo: tipo I e tipo II; Os músculos são órgãos especializados em transformar a energia química dos alimentos em energia cinética; Nos músculos, o oxigênio captado pelo sistema respiratório combina-se com o açúcar absorvido a partir da digestão, liberando energia para a promoção da contração muscular; A contração muscular refere-se ao deslizamento da actina sobre a miosina nas células musculares, permitindo os movimentos do corpo.	Tipos fibras: • fibras musculares do tipo oxidativas de contração lenta (tipo I, vermelhas e aeróbicas); • fibras musculares intermediárias de contração rápida (tipo II B, oxidativas glicolíticas); • fibras musculares glicolíticas de contração rápida (tipo II A, brancas e anaeróbicas); Métodos de classificação das fibras musculares; Terminologia da classificação de fibras musculares; Músculos estriados esqueléticos: conceito, características e funções.
3.2 Relação de aptidão muscular e saúde em crianças e adolescentes.	Compreender a relação da aptidão muscular com a saúde de crianças e adolescentes.	Ter uma boa aptidão muscular em crianças e adolescentes previne problemas posturais e articulares; A força muscular em crianças é influenciada pelo aumento das dimensões anatômicas, pela maturação do sistema nervoso central (SNC) e sexual; Durante a infância e o início da adolescência, não há diferença significativa na força entre meninos e meninas.

(continua)

(Quadro 3.5 – continuação)

Seções do capítulo	Objetivos e pontos importantes	Conceitos e elementos que subsidiaram a discussão
3.3 Aspectos fisiológicos da aptidão muscular.	Entender os aspectos fisiológicos da aptidão muscular em crianças e adolescentes; Na adolescência, devido à atuação dos hormônios, existe um crescimento acentuado do músculo decorrente do treinamento de força; Aspectos fisiológicos que devem ser observados entre adolescentes: sexo, crescimento (regulação hormonal), composição corporal (quantidade de massa magra) e maturação; Existem muitos mitos sobre treinamento de força em crianças e adolescentes; O treinamento de força em crianças auxilia na aquisição de habilidades específicas para alguns esportes, além de melhorar o controle postural; O treinamento de força em adolescentes melhora a qualidade de sono; Em pré-adolescentes e adolescentes, o treinamento resistido pode aumentar a força muscular mesmo que a criança treine uma vez por semana.	Fatores fisiológicos que influenciam na aptidão muscular em crianças e adolescentes: regulação hormonal, sexo, composição corporal, aspectos mecânicos; A testosterona assume papel importante no crescimento muscular; O treinamento de força promove adaptações neuromusculares, aumentando assim o nível de força e potência em diferentes faixas etárias; As adaptações neuromusculares acontecem durante o treinamento, por meio da ligação de um nervo com o músculo em ativação, decorrente do exercício de força ou sobrecarga imposta pelo treinamento anaeróbio.

(Quadro 3.5 – conclusão)

Seções do capítulo	Objetivos e pontos importantes	Conceitos e elementos que subsidiaram a discussão
3.4 Métodos de avaliação de força em crianças e adolescentes.	Conhecer e aplicar métodos de avaliação de força em crianças e adolescentes; Os testes de força muscular devem ser adequados, levando em consideração a idade e o crescimento da criança e do adolescente.	Principais testes para avaliar força muscular em crianças e adolescentes; Procedimentos e cuidados ao se aplicar testes de força em crianças e adolescentes; Os testes de força muscular são descritos de acordo com a especificidade de sua manifestação, que pode ser dividida em: força muscular máxima, explosiva ou potência muscular e resistência muscular.
3.5 Métodos de avaliação de resistência muscular em crianças e adolescentes.	Conhecer e aplicar métodos de avaliação de resistência muscular em crianças e adolescentes.	Conceito de resistência muscular; Contrações isométricas e isotônicas; É de fundamental importância realizar treinamento resistido em crianças, porém, existem alguns indicadores que devem ser respeitados, como as características dos exercícios e da sessão de treino, correção dos exercícios propostos, intensidade e volume, prevenção de lesões e programas adequados à maturação física e emocional.

Atividades de autoavaliação

1. Assinale a proposição **falsa** sobre as características do músculo:

   a) A cor esbranquiçada do músculo está ligada à alta concentração de mitocôndrias, de mioglobina, que fazem a função de transporte do oxigênio para dentro da mitocôndria, juntamente com um maior número de capilares do que nas fibras vermelhas.

   b) A imuno-histoquímica é um método de diagnóstico complementar amplamente utilizado na prática da anatomia patológica e recorre ao princípio antígeno-anticorpo para determinar a expressão de biomarcadores específicos em diferentes tipos de células e tecidos.

   c) As fibras musculares podem ser de três cores: vermelha, branca e rosa (mista).

   d) Quanto aos métodos de classificação, podemos ter fibras de contração lenta ou rápida.

   e) As fibras tipo IIa contêm menos mitocôndrias e pouquíssima quantidade de mioglobina. São denominadas *fibras de contração rápida* – ou glicolíticas rápidas (GR) – e são maiores em diâmetro do que as fibras tipo I.

2. Assinale a proposição que **não** é relativa ao tecido muscular:

   a) Fibras musculares do tipo oxidativas de contração lenta (tipo I, vermelhas e aeróbicas).

   b) Fibras musculares intermediárias de contração rápida (tipo II B, oxidativas glicolíticas).

   c) Fibras musculares intermediárias de contração lenta (tipo AB, rosas, aeroglicolíticas).

   d) Fibras musculares glicolíticas de contração rápida (tipo II A, brancas, anaeróbicas).

   e) Todas as alternativas estão incorretas.

3. Assinale a afirmação **falsa** referente à caracterização da contração muscular:
   a) Os músculos são órgãos especializados em transformar a energia química dos alimentos em energia cinética.
   b) É nos músculos que o oxigênio captado pelo sistema respiratório se combina com o açúcar absorvido a partir da digestão, liberando energia para a promoção da contração muscular.
   c) As fibras musculares contêm os filamentos de proteínas contráteis de actina e miosina, dispostas lado a lado.
   d) A contração muscular refere-se ao deslizamento da miosina sobre a actina nas células musculares, permitindo os movimentos do corpo.
   e) Um sarcômero compreende o segmento entre duas linhas Z consecutivas e é a unidade contrátil da fibra muscular, pois é a menor porção da fibra muscular com capacidade de contração e distensão.

4. Os músculos podem ser classificados conforme sua função no nosso organismo. Assinale a alternativa que **não** corresponde ao músculo no organismo humano:
   a) Estriados esqueléticos.
   b) Estriados cardíacos.
   c) Não estriados ou lisos.
   d) Estriados internos.
   e) Todas as alternativas estão incorretas.

5. A relação da aptidão muscular e saúde em crianças e adolescentes **não** corresponde à alternativa:
   a) Previne problemas posturais.
   b) Previne problemas articulares.
   c) Evita dores lombares.
   d) Aumenta as lesões musculares.
   e) Diminui as lesões musculares.

6. Qual atividade física melhor representa a capacidade física de força?
   a) Natação.
   b) Levantamento de peso.
   c) Basquete.
   d) Balé.
   e) Nenhuma das alternativas.

7. Qual atividade física melhor representa a capacidade física de resistência?
   a) Maratona.
   b) Levantamento de peso.
   c) Basquete.
   d) Musculação.
   e) Nenhuma das alternativas.

8. (ENADE, 2016) Ao receber atletas de judô para a temporada de treinamento após um período longo de férias, um preparador físico, profissional de educação física, resolveu avaliar cada um dos três tipos de força muscular dos atletas – a força de potência, a força de resistência e a força máxima. Para tanto, elaborou um cronograma em que, no primeiro dia seria realizado o teste de força de potência, no segundo, o teste de força de resistência e, no terceiro, o teste de força máxima.

   Nesse contexto, para aferição dos três tipos de força (potência, resistência e máxima), os testes que devem ser eleitos pelo preparador físico são, respectivamente:
   a) teste de uma repetição máxima, teste de salto vertical e teste de barra estático.
   b) teste de salto horizontal, teste de barra estático e teste de dinamometria estático.
   c) teste de arremesso de *medicine ball*, teste de salto horizontal e teste de uma repetição máxima.

d) teste dinâmico de um minuto em apoio de solo, teste dinâmico de um minuto em abdominais e teste de uma repetição máxima.
e) teste dinâmico de um minuto em força abdominal, teste dinâmico de um minuto em barra e teste dinâmico de um minuto em apoio de solo.

9. (ENADE, 2013) A classificação das fibras musculares, em vermelhas ou brancas, faz-se de acordo com o metabolismo energético dominante, a velocidade de contração e a atividade enzimática. Considerando que a coloração das fibras determina a quantidade de glicogênio que será utilizado no exercício, bem como sua função fisiológica, avalie as afirmações a seguir.

   I. As fibras de coloração vermelha têm essa característica devido ao elevado número de mioglobina e, por isso, apresentam capacidade oxidativa elevada. As fibras brancas, por sua vez, possuem força de contração elevada, contendo grandes quantidades de glicogênio e geram ATP principalmente por glicólise anaeróbica.
   II. As fibras de contração lenta possuem pequena quantidade de mitocôndrias, o que lhes confere menor resistência à fadiga. Por outro lado, as fibras de contração rápida possuem grandes quantidades de mitocôndrias, o que promove aumento na velocidade de remoção do lactato sanguíneo e, consequentemente, produz maior resistência à fadiga.
   III. Na prática dos exercícios físicos, as fibras vermelhas são mais recrutadas por maratonistas enquanto as fibras brancas são mais recrutadas por velocistas.

   É correto o que se afirma em
   a) II, apenas.
   b) III, apenas.
   c) I e II, apenas.
   d) I e III, apenas.
   e) I, II e III.

10. (ENADE, 2011) Carlos, professor de educação física em uma escola na periferia de uma grande cidade, observou aumento substancial de massa muscular entre os seus alunos e desconfiou que eles estivessem utilizando anabolizantes. Mesmo após algumas conversas individuais, percebeu que não estava obtendo resultados significativos, provavelmente porque muitos desses jovens sentiam-se reféns da opinião de uma sociedade de consumo em que é crescente a importância atribuída à aparência corporal. Diante desse cenário, o professor, em suas aulas, poderia adotar a seguinte estratégia:

a) convidar os pais dos alunos para assistirem às aulas e serem informados de que os filhos estão utilizando anabolizantes.

b) proibir, com o consentimento da direção da escola, a utilização dos anabolizantes e realizar, diariamente, revistas nas bolsas e mochilas dos alunos.

c) evitar comentar o assunto nas aulas de educação física, para não despertar a atenção dos alunos para esse tema.

d) afastar, temporariamente, os alunos suspeitos, até certificar-se de que eles deixaram de utilizar anabolizantes.

e) realizar atividades físicas com o objetivo de proporcionar vida mais saudável e abordar os efeitos danosos da utilização de anabolizantes.

11. (ENADE, 2017)

Propriedades	Fibras tipo I	Fibras tipo IIa	Fibras tipo IIb
Força por área de seção transversa	baixa	elevada	elevada
Estoque de triglicerídeo intramuscular	elevado	baixo	baixo
Tempo de relaxamento	lento	rápido	rápido
Velocidade contrátil	baixa	elevada	elevada
Resistência	alta	média	baixa
Densidade capilar	alta	média	baixa

(continua)

(conclusão)

Propriedades	Fibras tipo I	Fibras tipo IIa	Fibras tipo IIb
Conteúdo de mioglobina	alto	médio	baixo
Conteúdo de glicogênio	sem diferença	sem diferença	sem diferença
Atividade enzimática glicogenolítica	baixa	alta	alta
Atividade enzimática mitocondrial	alta	média	baixa
Atividade da ATPase miofibrilar	baixa	alta	alta

Disponível em: <htttp://www.efdeportes.com>. Acesso em: 14 jul. 2017 (adaptado)

A fibra muscular esquelética possui propriedades que permitem a contração voluntária desse tecido. Levando em conta as informações disponibilizadas no quadro acima e os diferentes tipos de atividades físicas propostas em aulas de educação física, assinale a opção que descreve corretamente a fibra predominantemente envolvida na contração muscular para a realização da atividade física mencionada.

a) Nas brincadeiras denominadas pega-pega e queimada, atuam predominantemente as fibras do tipo I, que se contraem na presença de oxigênio.

b) Nas atividades que requerem potência muscular, força e resistência aeróbica, atuam de forma predominante as fibras do tipo I, tipo IIa e tipo IIb, respectivamente.

c) Em atividades físicas como a brincadeira chamada cabo de guerra, atuam predominantemente as fibras do tipo I, que somente se contraem na presença de oxigênio.

d) Nas corridas curtas e de alta velocidade (tiros), que requerem força e potência muscular, atuam principalmente fibras do tipo IIb, que se contraem sem a necessidade da presença de oxigênio.

e) Em circuitos de movimentos realizados para desenvolver a capacidade aeróbica, com duração entre 30 segundos e 3 minutos, atuam predominantemente as fibras do tipo IIb, que se contraem rapidamente.

Atividades de aprendizagem

Questões para reflexão

1. Qual é o melhor tipo de exercício de força para crianças? E para adolescentes?
2. Existe idade mínima para iniciar treinamento de força?
3. O componente força pode ser trabalhado em quais momentos na escola?
4. É preciso materiais específicos para trabalhar força com crianças e adolescentes?

Atividade aplicada: prática

1. Imagine que você é o professor de uma nova equipe de atletismo, de atletas de prova de campo: arremessos e lançamentos. Seu coordenador solicita um planejamento para a nova temporada de suas equipes, compostas por crianças de 9 a 11 anos e 15 a 17 anos. As provas que eles realizarão durante a temporada serão lançamento de pelota (para os menores) e arremesso de peso e lançamento do dardo (para os maiores). Elabore um plano de 8 semanas de treinamento de força para cada grupo. Proponha, ainda, uma avaliação diagnóstica baseada nos testes sugeridos neste capítulo. Você pode usar todos os recursos materiais necessários para seu treinamento (sala de musculação, inclusive). Ao final, mostre ao seu professor e defenda seu plano! Bom trabalho!

Capítulo 4

Composição corporal e flexibilidade em crianças e adolescentes

Neste capítulo estudaremos a composição corporal e a flexibilidade em crianças e adolescentes. A composição corporal é uma aptidão física que mais se associa à saúde, pois com ela podemos avaliar como a criança ou o adolescente se encontra e estabelecer objetivos importantes quando necessários, por exemplo: prescrição de exercícios para crianças obesas, baixo peso e baixa estatura. Já a flexibilidade é uma capacidade física essencial para o ser humano, especialmente para as crianças, pois auxilia na consciência corporal, autoestima, saúde, prevenção de lesões e prática desportiva. Neste capítulo, portanto, abordaremos cinco temas: padrões de crescimento e alterações metabólicas na criança e no adolescente, o período pré-púbere e o estirão de crescimento, protocolos de medidas de composição corporal em crianças e adolescentes, relação de flexibilidade e saúde em crianças e adolescentes e métodos de avaliação e testes de flexibilidade para aplicação nessa população. Ao final de sua leitura, esperamos que o leitor tenha compreendido: os elementos envolvidos na avaliação do crescimento humano e as diferentes alterações metabólicas em crianças e adolescentes, as alterações físicas e metabólicas do período pré-púbere e as características principais da fase do estirão, a aplicabilidade dos principais protocolos de medida de composição corporal em crianças e adolescentes, a relação da componente flexibilidade com a saúde de crianças e adolescentes, além dos principais métodos de avaliação e da aplicação de testes de flexibilidade em crianças e adolescentes.

4.1 Padrões de crescimento e alterações metabólicas na criança e no adolescente

O estudo da composição corporal é de fundamental importância, pois nas fases da infância e adolescência ocorrem alterações metabólicas que podem mudar o padrão de crescimento. Já a flexibilidade diz respeito à prevenção de lesões osteomusculares, proporcionando uma vida saudável e o desenvolvimento correto das articulações.

4.1.1 Padrões de crescimento na criança e no adolescente

O crescimento é o aumento do tamanho corporal e ele cessa com o término do crescimento linear, conhecido como *altura* (estatura). Trata-se de um processo dinâmico, que inicia na concepção e continua até a morte, com fenômenos de substituição e regeneração de tecidos e órgãos. É por meio do processo de crescimento que podemos acompanhar o ser humano nas suas mais diferentes fases, principalmente na infância, considerado um dos melhores indicadores de saúde da criança.

Porém, as crianças não crescem da mesma forma e alguns distúrbios podem ser identificados no nascimento, quando o bebê nasce com peso e altura anormais. Outro sinal é quando a criança, ao longo da infância, começa a não "crescer" e se desenvolver como as demais da mesma faixa etária.

Quadro 4.1 Principais causas de distúrbio do crescimento

	Herança familiar	A criança tem mais chances de ter baixa estatura se seus pais forem baixos. Se os membros da família são todos altos, isso não implica que a criança nascerá mais alta que a média. O peso e tamanho no nascimento dependem muito mais dos hábitos saudáveis da mãe durante a gestação, como uma boa alimentação e exercícios físicos. Existem crianças que crescem mais que a média, outras menos, mas isso depende muito da estatura dos pais e com quanto de estatura elas nasceram.
	Falta de nutrientes na alimentação	A deficiência de vitamina A, zinco e ferro, em especial, pode comprometer o processo de crescimento das crianças. A vitamina A é encontrada em diferentes alimentos, como cenoura, batata-doce e manga, e geralmente age durante o sono e no fluxo do hormônio de crescimento (GH).
	Deficiência hormonal	O GH é produzido pela hipófise, glândula localizada no cérebro com importante papel no crescimento. Sua deficiência pode influenciar na baixa estatura; já se produzida em excesso, pode suscitar gigantismo, que é o crescimento anormal. O zinco também tem ação no hormônio e atua no equilíbrio da produção (regulador). A falta limita o crescimento e diminui a resistência a infecções. Exemplos de alimentos que configuram boas fontes de zinco são as carnes vermelhas, o feijão e as amêndoas. A deficiência do ferro pode afetar o desenvolvimento infantil, sobretudo no transporte do oxigênio nas células. As melhores fontes de ferro podem ser encontradas no espinafre e nas carnes vermelhas.

(continua)

(Quadro 4.1 – conclusão)

BlueRingMedia/Shutterstock	**Incapacidade de absorção de nutrientes**	Existem crianças que consomem alimentos de forma correta, porém, devido a alguma doença, não retêm os nutrientes no organismo, o que compromete o crescimento. Por exemplo, doença celíaca.
Kateryna Kon/Shutterstock	**Doenças genéticas**	São doenças com alterações genéticas importantes. Podemos citar a síndrome de Turner, distúrbio que geralmente ocorre em mulheres, com taxa de ocorrência de uma para cada 2500 nascidas. É causada por uma monossomia do cromossomo X. A condição do doente é variável, podendo apresentar baixa estatura, cardiopatia e dismorfismos faciais. Outra doença é a Síndrome de Prader-Willi, caracterizada por hipotonia severa e dificuldades de se alimentar na infância, seguida por um quadro de obesidade severa associado à baixa estatura e atraso no desenvolvimento.

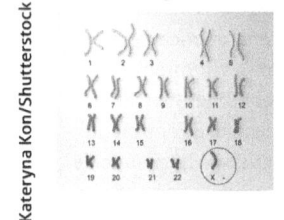

E como diagnosticar problemas de crescimento em crianças? Quem faz esse diagnóstico é o médico, por meio de exame físico, exames de sangue para confirmar causas hormonais e genéticas e o raio-x da idade óssea para determinar a maturidade e o potencial do crescimento ósseo (mãos e punhos).

4.1.2 Alterações metabólicas na criança e no adolescente

Alterações metabólicas são doenças que causam mudanças no metabolismo, modificando o funcionamento do organismo. Para melhor entendimento das alterações, é importante falarmos a respeito das causas, que são, na sua maioria, relacionadas ao estilo de vida – muitas vezes associadas com a obesidade, por conta da alimentação inadequada, além do tempo despendido em atividades sedentárias. O uso abusivo de tecnologias entre crianças e adolescentes reduziu o tempo em atividades físicas, diminuindo o gasto energético e aumentando a prevalência de obesidade nessa população. A Sociedade Brasileira de Pediatria (SBP, 2017, p. 3) recomenda que "o tempo de lazer sedentário entre adolescentes, incluindo tempo em frente à televisão, videogame e computador, deve ser limitado a duas horas diárias, com o objetivo de evitar efeitos negativos no peso corporal e em outros desfechos de saúde".

As alterações metabólicas, ou prejuízos ao organismo, podem gerar um conjunto de doenças crônicas não transmissíveis (DCNT), que, associadas, agravam o risco de doenças cardiovasculares. As principais DCNT são: câncer, diabetes e problemas cardiovasculares. Entre as mais prevalentes neste cenário estão a hipertensão, os problemas de coluna, o diabetes, a artrite, o reumatismo, a depressão, a asma e a obesidade – principalmente aquela caracterizada com aumento de cintura abdominal, pressão alta, alterações de colesterol, triglicérides e glicemia, conhecida como *síndrome metabólica*. A falta de atividade física é uma das principais causas dessas alterações, além de hábitos alimentares inadequados.

Vamos conhecer um pouco mais sobre algumas doenças metabólicas mais comuns que afetam esta população.

4.1.2.1 Obesidade

Segundo a Organização Mundial de Saúde (OMS), a obesidade infantil (IMC Escore-z > 2) afetará, em 2025, 75 milhões de crianças no mundo. No Brasil, segundo o Ministério da Saúde, já afeta 3,1 milhões de crianças menores de 10 anos. O Sistema de Vigilância Alimentar e Nutricional, de 2019, revela que 16,33% das crianças brasileiras (5-10 anos) estão com sobrepeso; 9,38% com obesidade; e 5,22% com obesidade grave. Quanto aos adolescentes,

18% apresentam sobrepeso; 9,53% são obesos; e 3,98% têm obesidade grave.

A origem da obesidade é multifatorial, resultado de interação de fatores genéticos, ambientais, sociais, metabólicos, nutricionais e de estilo de vida. Importante ressaltar que também há alguns casos genéticos. A obesidade infantil está fortemente correlacionada ao risco de obesidade na vida adulta e problemas de saúde, com consideráveis consequências sociais e econômicas. Apesar dos esforços, nenhum país está no caminho certo para cumprir as metas estabelecidas pela Comissão da OMS sobre acabar com a obesidade infantil (WHO, 2016). No Brasil, várias estratégias nacionais foram propostas pelo Ministério da Saúde na última década e, no ano de 2021, foram lançadas campanhas educativas que pretendem promover a alimentação saudável (Valente, 2021).

O fenômeno obesidade é complexo, vai muito além do acúmulo de tecido adiposo. Sabe-se que esse tecido desempenha diferentes funções, entre elas: de isolante térmico, de proteção dos órgãos contra choques mecânicos e de reserva energética. O grande problema do aumento de volume corporal é provocar uma exacerbação das funções do tecido afetado, o que configura o principal fator responsável pelas desordens fisiológicas (obesidade mórbida, diabetes mellitus tipo 2). Além das desordens fisiológicas, o excesso de adipócitos vai além dos distúrbios metabólicos e cardiovasculares, afetando também os sistemas nervoso, cardiorrespiratório e imunológico. Estudos mostram que uma elevada adiposidade aumenta o risco de câncer. As anormalidades na resistência insulínica e no sistema *insulin growth fator* (IGF-1), via da insulina, podem desencadear o desenvolvimento tumoral (Argolo; Hudis; Iyengar, 2021; Freitas et al., 2021; Santos et al., 2021).

A obesidade na infância deixa as crianças mais suscetíveis a doenças neurológicas e infectocontagiosas, levando ao atraso no desenvolvimento neurológico com repercussões no sistema imunológico (Aguiar et al., 2018). Esse quadro se estabelece por causa do excesso de adipocinas, que são citocinas, proteínas sinalizadoras celulares secretadas pelo tecido adiposo. Portanto, a obesidade infantil é uma forte desencadeadora de obesidade entre os adultos e deve ser levada a sério pela família. Na adolescência, os níveis elevados de adipocinas interferem na expressão e/ou transporte de outros hormônios secundários e na consequente definição dos caracteres sexuais secundários (Gomes; Nascimento, 2015).

Estuda-se muito a relação da obesidade abdominal em crianças e adolescentes com fatores de risco à saúde. A obesidade abdominal em adolescentes está associada a doenças cardiovasculares e metabólicas, sendo muitas vezes ignorada. Estudo de Cavalcanti et al. (2010) mostrou que o aumento da adiposidade abdominal está atrelado à elevação da pressão arterial (PA), maior concentração de triglicérides e hiperinsulinemia. Já as pesquisas de Klein-Platat (2005) e Ortega, Ruiz e Sjöström (2007) evidenciaram que realizar atividades físicas com orientação de um professor diminui as medidas de circunferência da cintura. Hábitos alimentares, como ingestão de refrigerantes e baixo consumo de frutas e verduras, também estão associados à gordura abdominal em crianças e adolescentes (Brito, 2020).

Outro ponto relevante a que devemos estar atentos sobre a obesidade, em qualquer fase da vida, é a gordura visceral (intra-abdominal), pois estudos apontam uma forte relação entre as alterações metabólicas e a gordura abdominal (Tozo et al., 2020). Não existem métodos para distinguir as diferentes camadas de gordura, porém, uma das ferramentas para identificar a obesidade central, de fácil execução, é a medida da circunferência abdominal, considerada uma ferramenta confiável, além de apresentar maior correlação que o índice de massa corporal (IMC) com comorbidades como, por exemplo, a dislipidemia e diabetes tipo 2 (Tozo et al., 2020).

4.1.2.2 Hipertensão arterial

O aumento da PA na infância está se tornando comum na população em geral, representando um desafio considerável para a saúde pública em todo o mundo. O interesse no estudo da hipertensão arterial sistêmica (HAS) em crianças e adolescentes é antigo, contudo, ainda hoje, o diagnóstico tem sido feito de forma tardia por causa da não inclusão da medida da PA como rotina no exame físico da criança (SBP, 2019a).

Considera-se hipertensão arterial na infância e na adolescência valores de pressão arterial sistólica e/ou diastólica iguais ou superiores ao percentil 95 para sexo, idade e estatura em três ou mais momentos diferentes de aferição. Estudos têm sugerido que a hipertensão arterial na infância parece seguir até a idade adulta e está associada a eventos cardiovasculares prejudiciais ao longo da vida. A PA elevada, quando assistida e controlada, deixa de ser um dos mais importantes contribuintes evitáveis para doenças e morte e é considerada um dos fatores centrais de risco modificáveis para doenças cardiovasculares, com início na infância. Os **principais fatores de risco para hipertensão** são: genética, idade, sexo, etnia, sobrepeso/obesidade, ingestão de sódio e potássio, sedentarismo e fatores socioeconômicos.

Tabela 4.1 Classificação da pressão arterial de acordo com a faixa etária

Crianças de 1 a 13 anos de idade	Crianças com idade ≥ 13 anos
Normotensão: PA < P90 para sexo, idade e altura	Normotensão: PA <120/<80mmHg
Pressão arterial elevada: PA ≥ P90 e < P95 para sexo, idade e altura ou PA 120/80 mmHg mas < P95 (o que for menor)	Pressão arterial elevada: PA 120<80 mmHg a PA 129/<80 mmHg

(continua)

(Tabela 4.1 – conclusão)

Crianças de 1 a 13 anos de idade	Crianças com idade ≥ 13 anos
Hipertensão estágio 1: PA ≥ 95 para sexo, idade e altura até P < 95 + 12mmHg ou PA entre 130/80 até 139/89 (o que for menor)	Hipertensão estágio 1: PA 130/80 ou at ≥ 139/89
Hipertensão estágio 2: PA ≥ 95 + 12mmHg para sexo, idade ou altura ou PA ≥ entre 140/90(o que for menor)	Hipertensão estágio 2: PA ≥ entre 140/90

Fonte: SBP, 2019a, p. 5.

Para essa população hipertensa, a atividade física deve ser sempre encorajada, independentemente se tem sobrepeso ou obesidade. O tipo de exercício a ser realizado deve ser adequado à idade e situação da criança ou do adolescente. Para os que têm obesidade, os exercícios devem ter pouco ou nenhum impacto articular. De acordo com o manual de orientação da SBP (2017) para promoção da atividade física na infância e na adolescência, sugere-se musculação, natação ou outros exercícios na água e andar de bicicleta ergométrica. Sempre que se julgar necessário, recomenda-se acompanhamento multiprofissional.

4.1.2.3 Diabetes tipo 2

A obesidade é o principal fator de risco de diabetes mellitus tipo 2 (DM2), que compõem a síndrome metabólica (SBP, 2019a). Em 2017, a OMS apontou mais de 124 milhões de crianças e adolescentes no mundo que se encontram obesos. Na diabetes tipo 2 ocorre a resistência insulínica (RI), que se caracteriza pela "menor captação de glicose induzida pela insulina nos tecidos-alvo, levando à maior produção de insulina pelas células β pancreáticas e hiperinsulinismo. A RI precede o DM 2 por muitos anos" (SBP, 2019a). Observado em crianças e adolescentes, esse aumento persistente de RI deve ser acompanhado e medidas preventivas devem ser implementadas. Crianças ou adolescentes que apresentam RI geralmente são obesos, apresentam aumento da circunferência abdominal (gordura visceral), estatura alta e presença de acantose nigricans (manchas escuras no pescoço, abaixo do braço).

Figura 4.1 Foto de criança com presença de acantose nigricans na região do pescoço

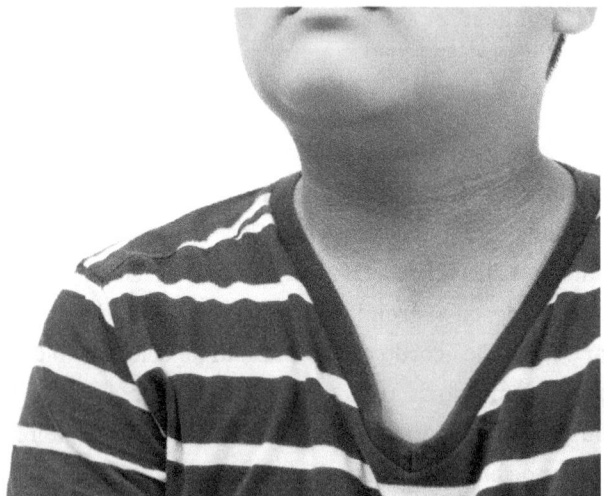

kwanchai.c/Shutterstock

É importante ressaltar que a evolução do DM2 na adolescência é mais rápida e agressiva do que em adultos. Portanto, para evitar a evolução para RI, pré-diabetes e DM2, o mais importante é a prevenção, com orientação de dieta saudável e balanceada, redução do sedentarismo e estímulo à prática de atividade física regular.

4.1.2.4 Dislipidemias

O excesso de peso é um dos principais fatores de risco do surgimento de dislipidemias na infância. O perfil comum de obesidade em crianças e adolescentes é o aumento de triglicérides, de lipoproteína de densidade muito baixa (VLDL-C), das partículas pequenas e densas da lipoproteína de baixa densidade (LDL-C), além de diminuição da fração lipoproteína de alta densidade (HDL) do colesterol (SBP, 2019a). Na obesidade as alterações do perfil lipídico estão diretamente associadas à presença da resistência insulínica. As alterações do perfil lipídico na obesidade determinam maior chance de instalação do processo aterosclerótico, com aumento do risco de morbimortalidade por doenças cardiovasculares.

Apresentam risco cardiovascular as crianças e os adolescentes que se enquadram nas seguintes situações:

- Obesidade e comorbidades, doenças metabólicas, renais, hepáticas, uso regular de medicações que podem alterar o perfil lipídico, estilo de vida e hábitos alimentares inadequados;
- História familiar positiva para doença cardiovascular precoce (<55 anos no homem e <65 anos na mulher) ou história familiar desconhecida;
- Pais com LDL-C ≥ 240mg/dL ou outra dislipidemia conhecida.

4.2 Período pré-púbere e estirão de crescimento

O período pré-puberal acontece entre os 8 e 13 anos nas meninas e entre 9 e 14 anos nos meninos (ver Gráfico 4.1). É conhecido como o período que compreende o terceiro ano até o início da puberdade, caracterizado por crescimento mais estável (5 a 7 cm/ano). Nessa fase os fatores genéticos e hormonais (GH) são mais relevantes e os efeitos dos hormônios de crescimento e tireoidianos são mais evidentes. É importante ressaltar a necessidade de critério na avaliação do crescimento.

Gráfico 4.1 Comportamento da velocidade de crescimento em meninas e meninos

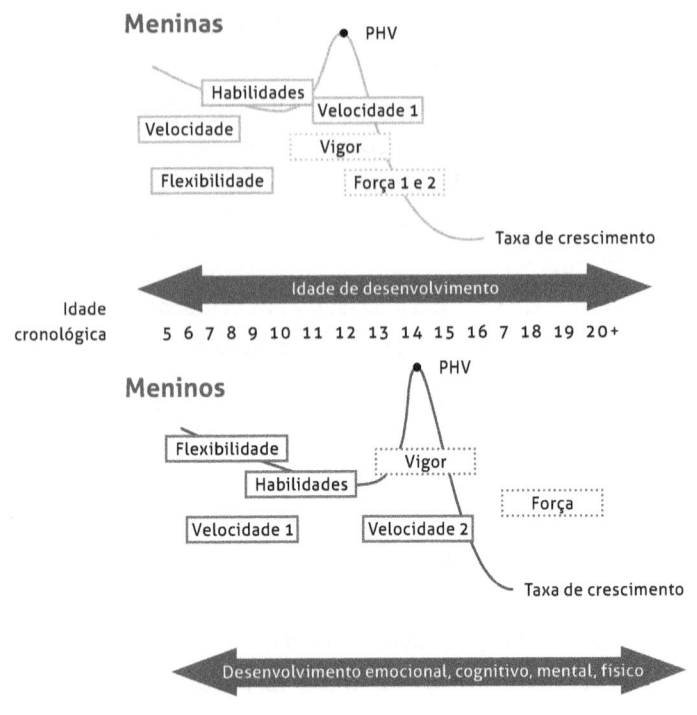

Meninas

- PHV
- Habilidades
- Velocidade
- Velocidade 1
- Vigor
- Flexibilidade
- Força 1 e 2
- Taxa de crescimento

Idade cronológica: 5 6 7 8 9 10 11 12 13 14 15 16 7 18 19 20+

Idade de desenvolvimento

Meninos

- PHV
- Flexibilidade
- Vigor
- Habilidades
- Força
- Velocidade 1
- Velocidade 2
- Taxa de crescimento

Desenvolvimento emocional, cognitivo, mental, físico

Fonte: ADM, 2023, tradução nossa.

Na puberdade acontece o desenvolvimento das características sexuais secundárias: nas meninas é possível observar o aumento das mamas e o aparecimento dos pelos pubianos e axilares; nos meninos, o aumento da genitália, pênis, testículos, bolsa escrotal, além do aparecimento dos pelos pubianos, axilares e faciais e mudança do timbre da voz. A classificação mais utilizada para a maturação sexual é a avaliação do estagiamento puberal, segundo critérios de Tanner (1962), que divide as etapas de desenvolvimento em meninas e meninos em estágios de um a cinco.

Figura 4.2 Estágios maturacionais em meninos e meninas propostos por Tanner (1962)

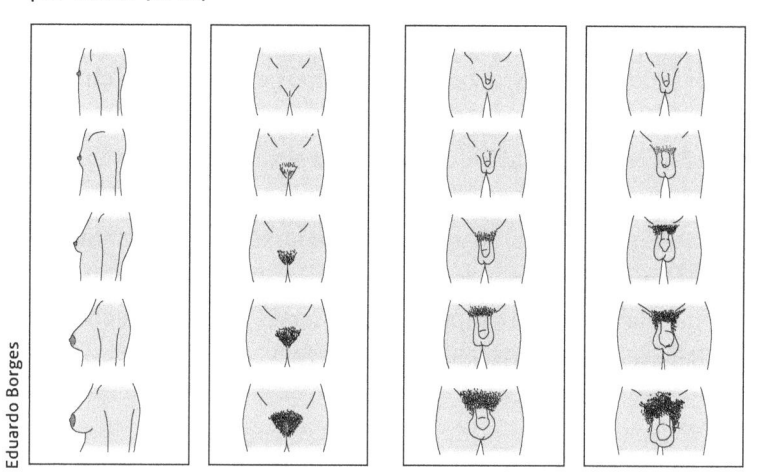

Fonte: SBP, 2022.

Denomina-se *estirão* o rápido crescimento físico durante a puberdade. É a segunda fase da vida em que mais se observa o crescimento, sendo a primeira no ano inicial de vida do indivíduo. Nessa fase o crescimento médio pode chegar a 9,5 cm/ano em meninos, e 8,3 cm/ano em meninas. O crescimento é observado no estadiamento de Tanner nos estágios 2 e 3 em meninas, precedido da menarca, que geralmente coincide com a fase de desaceleração do crescimento e com o estágio 4 de Tanner. Em meninos, normalmente, a aceleração de crescimento ocorre nos estágios 3 e 4 de genitais, e a maioria atinge a velocidade máxima do crescimento no estágio 5 (SBP, 2019a).

A avaliação do crescimento é fundamental nessa fase da vida, principalmente na adolescência, quando acontecem muitas alterações, percebidas através de mudanças no peso, estatura e estágio maturacional do adolescente (SBP, 2019a).

4.3 Protocolos de medidas de composição corporal em crianças e adolescentes

A partir de dados antropométricos, como peso, estatura, circunferências e dobras, são obtidos os índices para medição da composição corporal, de acordo com idade e sexo. A avaliação do IMC por idade é tão rigorosa quanto a de outras medidas, como as dobras cutâneas. A avaliação de indicadores de riscos metabólicos está associada, em crianças e adolescentes, à hiperlipidemia, resistência à insulina e hipertensão arterial, bem como à doença cardiovascular na vida adulta (SBP, 2019a).

4.3.1 Circunferência abdominal

A avaliação da circunferência abdominal (CA) é um importante preditor de risco para doença cardiovascular, dislipidemia e hipertensão arterial, mas ainda não há consenso sobre pontos anatômicos e de corte para classificação dessa medida em crianças, o que limita muito o seu uso na pediatria (SBP, 2019a). McCarthy, Jarrett e Crawley (2001) propuseram como adequado à CA o percentil 85 ou o percentil 90 para idade e sexo para uso em estudos populacionais, e Freedman et al. (1999), para uso clínico e ambulatorial.

Para medição dessa circunferência, deve-se marcar, inicialmente, o ponto médio entre a última costela fixa (décima) e a borda superior da crista ilíaca, local onde a fita será colocada. É considerada uma medida indireta para avaliar a gordura visceral (Freedman et al., 1999). Também pode ser utilizada em adolescentes a relação cintura/estatura, calculada pela circunferência abdominal/estatura (CA/E). Pode ser considerada adequada quando menor ou igual a 0,5; se alterada, indica risco de adiposidade central (SBP, 2019a).

Em crianças e adolescentes, devido às modificações da composição corporal em função do sexo, idade e maturação sexual, é necessário utilizar pontos de corte específicos. O estudo de Freedman et al. (1999) avaliou a relação entre a circunferência abdominal e os valores de lipídios e insulina séricos em 2996 crianças e adolescentes entre 5 e 17 anos, e estabeleceu o percentil 90 de cintura como indicador de alteração metabólica.

Nesse sentido, há uma tendência para o desenvolvimento de outras técnicas de avaliação da composição corporal. A bioimpedância elétrica (BIA) e a diluição isotópica com óxido de deutério medido por Espectrometria de Infravermelho com Transformação de Fourier (FTIR) são métodos empregados para identificar adiposidade corporal em jovens.

4.3.2 Índice de massa corporal

Após a aferição dos dados antropométricos (peso e estatura), o estado nutricional deve ser classificado pelo IMC, utilizando-se os referenciais propostos pela OMS (2006; 2007). Os valores do IMC estão distribuídos em percentis e escores z, segundo sexo e idade (0 a 19 anos). As crianças de 0 a 5 anos são consideradas em risco de sobrepeso quando os valores de IMC estão entre os percentis 85 e 97 ou entre os escores z +1 e +2; com sobrepeso, quando os valores de IMC estiverem entre os percentis 97 e 99,9 ou entre +2 e +3 escores z; e com obesidade, quando os valores estiverem acima do percentil 99,9 ou acima de +3 escore z. Para aqueles acima de 5 anos até 19 anos incompletos, o diagnóstico de sobrepeso é feito quando o valor do IMC estiver entre os percentis 85 e 97 ou entre +1 e +2 escores z; obesidade, quando o valor do IMC estiver entre os percentis 97 e 99,9 ou entre +2 e +3 escores z; e obesidade grave, quando o valor do IMC estiver acima do percentil 99,9 ou de +3 escore z.

Para esses cálculos, é possível a utilização do *software* WHO Anthro, disponibilizado gratuitamente no *website* da OMS <https://www.who.int/childgrowth/software/en/>. Para os cálculos na ferramenta da OMS, é preciso ter dados do dia da avaliação, data de nascimento da criança ou do adolescente, sexo, além do peso e estatura em centímetros. O programa aceita também planilhas com diversas avaliações.

Figura 4.3 Modelo do fichário para inserir dados do avaliado e resultados em forma de gráfico no Programa Anthro e Anthroplus

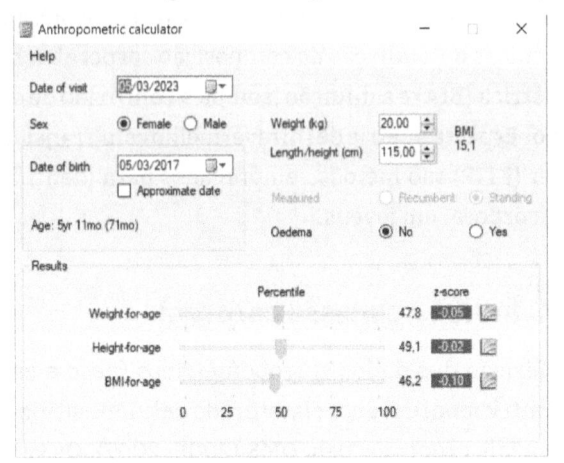

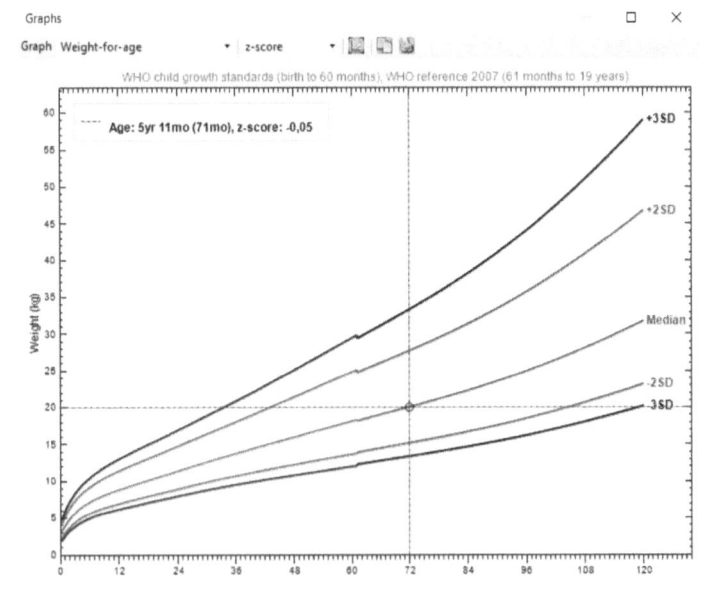

Fonte: OMS, 2022.

4.3.3 Dobras ou pregas cutâneas

Outra avaliação importante da composição corporal em crianças e adolescentes são as dobras cutâneas, onde fica localizada a maior proporção de gordura corporal no tecido subcutâneo. A mensuração da sua espessura é indicador de quantidade de gordura corporal em determinada região do corpo. Devido às diferentes distribuições da gordura no corpo, existem alguns pontos para se avaliar essas regiões. É considerada uma medida de fácil aplicação, elevada precisão e custo baixo em comparação com outras técnicas. Existem distintos fatores que devem ser observados na avaliação das dobras cutâneas: tipo de compasso, familiarização do avaliador com as técnicas de medida e precisão da localização das dobras (ponto anatômico a ser medido) (Guedes, 2006).

4.3.3.1 Medidas das dobras cutâneas

A medida das dobras cutâneas é um método indireto por equações de regressão para a predição da gordura corporal, baseado na relação entre gordura subcutânea, gordura interna e densidade corporal. Para avaliar as dobras cutâneas, pode ser utilizado um adipômetro, paquímetro ou plicômetro. Para crianças de 3 meses a 5 anos de idade, a OMS disponibiliza medidas de dobras cutâneas em tabelas e gráficos em: tricipital, ponto médio utilizado para realizar a medida da circunferência do braço; e subescapular, pele deve ser levantada 1 cm abaixo do ângulo inferior da escápula, de tal forma que se possa observar um ângulo de 45° entre esta e a coluna vertebral.

4.4 Relação de flexibilidade e saúde em crianças e adolescentes

Ter flexibilidade é um representante de saúde, uma vez que realizar movimentos articulares pode evitar doenças relacionadas à mobilidade articular e/ou muscular geradas por encurtamento muscular e/ou perda de elasticidade. Alguns autores também afirmam que a flexibilidade dos tecidos ao redor das articulações influencia a amplitude do movimento articular necessária para uma boa execução dos movimentos realizados durante as atividades diárias (Coelho et al., 2014).

Fatores como idade, sexo, peso da mochila, parâmetros antropométricos, posicionamento no computador ou no celular, tempo de permanência sentado nas carteiras da escola, estilo de vida menos ativo são alguns dos aspectos que geram desconfortos, alterações musculoesqueléticas e influenciam a postura de crianças e adolescentes. Crianças e adolescentes escolares podem ter desvios na coluna com consequências em longo prazo, comprometendo clinicamente a saúde e a qualidade de vida adulta (Coelho et al., 2014).

Figura 4.4 Exemplos de má postura em atividades cotidianas de crianças e adolescentes

jehsomwang/Shutterstock

Segundo Coelho et al. (2014), a prevenção de lesões musculoesqueléticas e a melhora do movimento e do desempenho muscular dependem da flexibilidade corporal. A redução da flexibilidade pode prejudicar o desempenho esportivo, causar alterações funcionais e estéticas e afetar a saúde e as atividades cotidianas ao longo da vida.

A avaliação da postura é de extrema importância, principalmente em indivíduos em fase escolar, quando se iniciam muitos problemas posturais. Segundo Martelli e Traebert (2006), a correção precoce da postura e o aumento da amplitude articular na infância e na adolescência podem agir na aquisição de posturas mais confortáveis, tanto nos movimentos diários quanto na prática de atividade física, e possibilitar padrões posturais adequados na vida adulta. Na fase escolar, o sistema musculoesquelético imaturo das crianças e dos púberes se apresenta vulnerável e sujeito a deformidades e limitações que podem permanecer e se agravar ao longo da vida. É nessa fase que se apresentam as melhores condições de prevenção e correção dos desvios da postura (Pacenko et al., 2016). Nesse contexto, a avaliação postural na escola configura uma relevante ação promotora e preventiva de saúde, permitindo aos alunos serem avaliados e orientados sobre a sua postura corporal. Para que isso ocorra satisfatoriamente, faz-se necessário instrumentalizar o processo de avaliação postural de acordo com as possibilidades locais, mediante a elaboração de diretrizes que garantam uma avaliação postural segura e eficiente desses estudantes.

As meninas apresentam maior flexibilidade que os meninos até a idade adulta, tendo uma diminuição a partir desta fase (Glaner, 2002; Nahas, 2013). De acordo com Dantas e Soares (2001), isso pode ser por causa do hormônio relaxina, presente no gênero feminino, com influência direta na flexibilidade. O indivíduo em desenvolvimento exibe maior flexibilidade que o adulto, permitindo desvios momentâneos de postura que auxiliam a criança na adaptação às novas proporções corporais ocasionadas pelo crescimento (Asher, 1976). Durante a adolescência, devido ao estirão de crescimento puberal, ocorre considerável perda dessa capacidade.

Barbanti (2003) a define como a capacidade de realizar movimentos em determinadas articulações com uma amplitude adequada. Estudos como os de Grahame (1999), Hinman (2004) e Mikkelson et al. (2006) apontam que a flexibilidade muscular se relaciona com fatores genéticos, estilo de vida, sexo e idade. Atividades escolares com abordagem global, visando capacidades motoras coordenativas, flexibilidade, força muscular e resistência cardiorrespiratória, devem ser aplicadas na rotina diária de escolares (Coelho et al., 2013).

É fundamental que as crianças pratiquem atividades físicas desde cedo, orientadas por profissionais de educação física, principalmente na iniciação esportiva. A iniciação esportiva pode ser um momento importante para as crianças, o que exige cuidados específicos relativos aos aspectos subjetivos e objetivos dessa prática. Portanto, é fundamental conhecermos os limites funcionais da flexibilidade de crianças e adolescentes para compreendermos o estresse que ocorre, de modo a minimizar eventuais lesões durante a execução dos movimentos.

Além da diminuição de riscos de lesões, a flexibilidade tem outros benefícios que devem ser explorados: reduz as tensões musculares, melhora a capacidade de coordenação e consciência corporal, aumenta a circulação sanguínea local e promove a diminuição do gasto energético. A flexibilidade possui graus, ou seja, amplitudes de movimentos que dependem de fatores como a idade e o gênero. Já vimos que meninas têm tendência a uma melhor flexibilidade que meninos, mas existem fatores externos – como temperatura dos músculos, estruturas de tendões e articulações, treinamento, morfologia dos ossos e força muscular – que também influenciam na amplitude de movimento.

Em uma revisão sistemática proposta por Batista et al. (2018), foram analisadas as evidências existentes na literatura sobre a capacidade física de flexibilidade em crianças e adolescentes brasileiros. Os principais resultados mostraram que estudos sobre flexibilidade em crianças e adolescentes enfocam a aptidão física, colocando a flexibilidade em segundo plano como critério a ser estudado nesse grupo. Verificou-se que o teste "sentar e alcançar" com suas variações é utilizado em todos os estudos. Essa pesquisa também identificou que, embora as meninas possuam valores absolutos de flexibilidade maiores que o sexo oposto; os meninos têm maior frequência de sujeitos que atendem aos critérios de classificação de saúde nessa variável. Ademais, constatou-se que a bateria Fitnessgram e a do Projeto Esporte Brasil (Proesp) são as mais exploradas em estudos. Os resultados evidenciam que precisamos valorizar mais a flexibilidade, uma vez que ela é um importante componente da aptidão física relacionada à saúde.

4.5 Métodos de avaliação e testes de flexibilidade para aplicação em crianças e adolescentes

O professor de educação física pode avaliar a flexibilidade, bem como acompanhar a evolução de seus alunos, recorrendo a ferramentas como goniômetro, flexômetro, banco de Wells, flexiteste, entre outros testes descritos para crianças e adolescentes.

Além de avaliar a flexibilidade, esse profissional pode elaborar um treinamento específico, exercícios e atividades de prática regular para ampliar essa capacidade física, ajudar as crianças a obter um melhor desempenho com a flexibilidade e promover melhora nos graus de mobilidade das articulações e posturas corporais.

Alter (2010), citado por Vasconcelos, Ribeiro e Macêdo (2008), definiu a flexibilidade em três tipos básicos de acordo com as várias atividades motoras envolvidas:

1. A **flexibilidade dinâmica** é a habilidade de executar movimentos dinâmicos dos músculos para trazer um membro através de sua amplitude máxima de movimento articular, sendo testada através do movimento realizado pelo próprio indivíduo.

Figura 4.5 Bailarina em uma posição que exige flexibilidade

2. A **flexibilidade passiva** é maior que a dinâmica e corresponde à habilidade de assumir posições e mantê-las usando uma força externa, como o peso do próprio corpo, a sustentação de seus membros ou alguns outros instrumentos (tais como uma cadeira ou uma barra), sendo testada quando outra pessoa realiza o movimento sobre a amplitude articular do paciente.

Figura 4.6 Professora orientando bailarina sobre a correta postura na barra

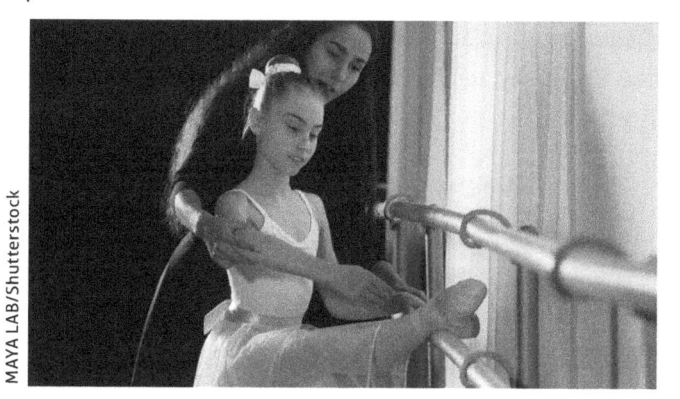

3. A **flexibilidade anatômica** é maior que a passiva, representa a amplitude articular máxima proporcionada pelas características morfológicas das superfícies articulares, sendo testada apenas quando não há presença de nenhum tecido entre as articulações.

Figura 4.7 Bailarina realizando exercício com amplitude articular máxima

Na sequência, apresentaremos os testes mais utilizados para aferir a flexibilidade em crianças e adolescentes. Vale ressaltar que podemos fazê-lo de três formas distintas: testes adimensionais (indireto), testes lineares (indireto) e testes angulares ou diretos.

- **Testes adimensionais (indiretos)**

Não necessitam de instrumentos complexos para sua realização, são indiretos e os resultados não possuem uma resposta numérica. Citamos abaixo alguns exemplos de testes.

- **Teste de Bloomfield**

  De Bloomfield e Wilson (2000), apresenta algumas vantagens: é de fácil aplicabilidade, tem baixo custo e permite a aplicação em vários locais e situações. Contém 15 movimentos cujas notas variam entre 1 e 4, podendo-se admitir valores intermediários, como 3,5, por exemplo. Os movimentos desse teste devem ser realizados sem aquecimento e qualquer assistência do avaliador para o avaliado invalida o teste; o avaliador só deve intervir em caso de movimentos articulares não relacionados à articulação avaliada que podem afetar o escore do teste ou para manter o membro testado no plano de movimento correto (Bloomfield; Ackland; Elliot, 1994). O teste não oferece um escore de classificação geral da flexibilidade. É subjetivo, pode ser realizado sem aquecimento. Os movimentos para realização do teste de Bloomfield são: abdução horizontal dos ombros, abdução dos ombros, flexão de cotovelo, hiperextensão do cotovelo, flexão do punho, extensão do punho, flexão do quadril, hiperextensão do tronco, flexão lateral do tronco, flexão da coxa, extensão da coxa, flexão da perna, hiperextensão da perna, dorsiflexão plantar e flexão plantar.

- **Flexiteste**
  Retratado por Araújo (1986), parte da atribuição de uma nota de 0 a 4 para diferentes movimentos. No final do teste, obtém-se um escore para classificação da flexibilidade geral do indivíduo.
- **Testes de comprimento muscular**
  É possível classificar o avaliado conforme seus comprimentos musculares, que podem ser: normais, quando o avaliado atinge a posição exigida em relação à superfície de apoio; restritos, quando o músculo não é estendido ao seu comprimento normal; ou excessivos. Alguns exemplos de regiões musculares enfocadas por esses testes são: músculos glenoumerais e escapulares, além dos membros inferiores e músculos pélvicos.

- Testes lineares (indiretos)

Nos testes lineares, os resultados são obtidos em centímetros (cm) ou polegadas e compreendem as seguintes avaliações:

- **Teste de sentar e alcançar**
  É um método linear proposto originalmente por Wells e Dillon (1952) (Figura 4.8). Sua aplicação demanda a confecção de uma caixa em formato de cubo, que pode ser construída em madeira com medidas de 30 × 30 cm. O passo a passo consiste em utilizar uma régua de 53 cm e colar em uma trena métrica com 15 cm de largura. Depois, colocar a régua na parte superior do cubo, na região central, fazendo com que a marca de 23 cm fique exatamente alinhada com o lado do cubo onde os alunos apoiarão os pés para realizar o teste.
  Para realizar o teste, o aluno deve estar descalço e se sentar com as pernas estendidas e tocar os pés ao final da caixa. Deve posicionar uma mão sobre a outra, inclinar o corpo para frente sem dobrar o joelho e alcançar com

as ponta dos dedos o mais longe possível sem separar as mãos. Neste teste, o professor deve permanecer ao lado do aluno para evitar que dobre os joelhos e para fazer a leitura de quantos centímetros atingiu. O teste também é conhecido como *Teste de Flexibilidade de Wells*.

A leitura do resultado é medida a partir da posição mais longínqua que o aluno alcançou na escala com as pontas dos dedos. Registra-se o melhor resultado entre as duas execuções, com anotação em uma casa decimal (Gaya et al., 2021).

Figura 4.8 Teste de flexibilidade de Wells

Microgen/Shutterstock

- **Teste de sentar e alcançar sem banco**

É similar ao teste de sentar e alcançar proposto por Wells. Na Figura 4.9, podemos observar a realização do teste de sentar e alcançar sem banco, no qual o indivíduo senta com as pernas afastadas e a marcação é fixada ao solo.

Figura 4.9 Teste de sentar e alcançar adaptado – sem banco

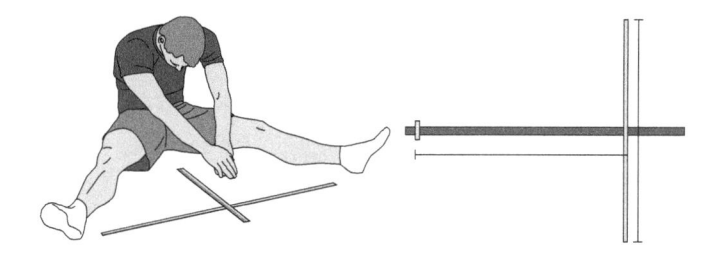

Fonte: Gaya; Silva, 2007, p. 13.

- **Teste de sentar e alcançar unilateral (TSEU)**
  A posição inicial para realização do teste é similar à posição do teste de flexibilidade de Wells. Nesta variação de teste, apenas uma das pernas toca o banco e a outra perna fica afastada (aduzida) fora do contato do banco. Deve-se evitar que a musculatura posterior dessa região seja requisitada durante o movimento, o que caracteriza um teste unilateral (Moura et al., 2011).

- **Testes angulares ou diretos**

Os resultados são obtidos em unidades angulares e podem ser feitos através de vários movimentos articulares. É necessária a utilização de objetos específicos, como o goniômetro universal ou o pendular, também chamado *flexímetro*, proposto por Leighton (1966) como flexímetro de Leighton. São possíveis as avaliações de muitas articulações, como ombro, quadril, tornozelo, coluna cervical, coluna torácica, coluna lombar, punho, joelho, cotovelo e radioulnar, entre outras. Seguem alguns testes que podem ser realizados com flexímetro:

- **Flexibilidade toracolombar com flexímetro (TFTL-flex) (prega axilar)**
  O teste inicia em pé, ou seja, na posição ortostática. O avaliador posiciona o aparelho flexímetro na altura da prega axilar (lateralmente). A referência desse ponto de avaliação

deve-se ao fato de a medida sofrer interferência do volume das mamas (seio) durante a realização. Importante lembrar que o flexímetro (grau de movimento) fica posicionado acima da altura dos seios (Moura et al., 2011).

Figura 4.10 Modelo de flexímetro

sanny.com.br

- **Flexibilidade lombar com flexímetro (FL-flex) (cicatriz umbilical)**
  Neste teste a criança ou o adolescente fica na posição ortostática, o que muda é a posição do flexímetro, que deve ficar sob a altura da cicatriz umbilical (Moura et al., 2011).
- **Flexibilidade toracolombar (FTL)**
  Neste teste a criança ou o adolescente fica em posição ortostática. O avaliador deve demarcar o processo espinhoso da sétima vértebra cervical (C7), identificar na região lombar as duas espinhas ilíacas posterossuperiores (EIPS) e traçar uma linha reta unindo-as. Na mesma posição o avaliador mensura a distância entre os dois pontos demarcados com uma fita métrica. A criança ou o adolescente realiza a maior flexão de coluna vertebral e quadril possível sob a ação da força gravitacional, levando o tronco para frente e para baixo – deve-se orientar para que

soltem os braços e mantenham os joelhos bem estendidos. Novamente, afere-se a distância com a fita e o escore da flexibilidade será a diferença entre as duas medidas em centímetros (Moura et al., 2011).

- **Flexibilidade lombar (FL)**
Neste teste a criança ou o adolescente fica em posição ortostática. Primeiramente, o avaliador marca os dois pontos das espinhas ilíacas e traça uma linha reta unindo-as. A partir desse ponto, mensura 10 centímetros acima sobre a coluna vertebral e demarca este outro ponto. A criança ou o adolescente deve, em seguida, realizar a maior flexão de coluna vertebral e quadril que conseguir levando o tronco abaixo, tentando tocar o solo com a mão, e manter os joelhos estendidos. Nessa posição deve ser novamente mensurada a distância entre os pontos anteriormente demarcados, os quais se posicionam restritamente na região lombar (Moura et al., 2011).

Quadro 4.2 Síntese dos testes e instrumentos para avaliar flexibilidade

Testes adimensionais	Testes lineares	Testes angulares
Teste de Bloomfield Flexímetro Testes de comprimento muscular	Teste de sentar e alcançar Teste de sentar e alcançar modificado Teste de sentar e alcançar preservando as costas Teste de sentar e alcançar em V Teste de extensão de pele Testes de medição indireta Teste de sentar e alcançar preservando as costas em um banco	Goniômetro universal Flexiteste Radiografia Inclinômetro

Síntese

Quadro 4.3 Composição corporal e flexibilidade em crianças e adolescentes

Seções do capítulo	Objetivos e pontos importantes	Conceitos e elementos que subsidiaram a discussão
4. Padrões de crescimento e alterações metabólicas na criança e no adolescente.	Compreender os elementos envolvidos na avaliação do crescimento humano e as diferentes alterações metabólicas em crianças e adolescentes.	Padrões de crescimento na criança e no adolescente; Conceito de crescimento; Distúrbios do crescimento e principais causas: deficiência hormonal, herança familiar (por exemplo, baixa estatura dos pais), falta de nutrientes (deficiência de vitaminas), incapacidade de absorver os nutrientes (doença ciliáca) e doenças genéticas (síndrome de Turner); Diagnóstico do potencial de crescimento diagnosticado por exames como o raio-x para determinar a idade óssea; Alterações metabólicas são doenças que causam mudanças no metabolismo, modificando o funcionamento do organismo. É importante pensarmos em suas causas, que são, na sua maioria, relacionadas ao estilo de vida; As doenças crônicas não transmissíveis aumentam o risco de doenças cardiovasculares.

(continua)

(Quadro 4.3 – continuação)

Seções do capítulo	Objetivos e pontos importantes	Conceitos e elementos que subsidiaram a discussão
4.2 O período pré-púbere e estirão de crescimento.	Compreender as alterações físicas e metabólicas do período pré-púbere e as características principais da fase do estirão.	Faixa etária pré-púbere: entre os 8 e 13 anos nas meninas e entre 9 e 14 anos nos meninos;
		Características do período pré-púbere: os fatores genéticos e hormonais (GH) são mais relevantes e os efeitos dos hormônios de crescimento e tireoidianos são mais evidentes;
		Comportamento da velocidade de crescimento desde o nascimento até o final da puberdade;
		Classificação da maturação sexual proposta por Tanner (1962).
4.3 Protocolos de medidas de composição corporal em crianças e adolescentes.	Entender a aplicabilidade dos principais protocolos de medida de composição corporal em crianças e adolescentes.	Exemplos de protocolos de medidas de composição corporal;
		Peso e estatura;
		Avaliação do índice de massa corporal;
		Circunferência abdominal;
		Dobras e pregas cutâneas.

(Quadro 4.3 – conclusão)

Seções do capítulo	Objetivos e pontos importantes	Conceitos e elementos que subsidiaram a discussão
4.4 Relação de flexibilidade e saúde em crianças e adolescentes.	Compreender a relação do componente flexibilidade com a saúde de crianças e adolescentes.	Importância de se ter flexibilidade: o professor de educação física pode avaliar a flexibilidade, bem como acompanhar a evolução de seus alunos utilizando ferramentas disponíveis, como: goniômetro, flexômetro, banco de Wells, flexiteste, entre outros testes descritos para crianças e adolescentes; Diferenças na flexibilidade entre meninos e meninas; Conceito de flexibilidade.
4.5 Métodos de avaliação e testes de flexibilidade para aplicação em crianças e adolescentes.	Conhecer os principais métodos de avaliação e a aplicação de testes de flexibilidade em crianças e adolescentes.	Baterias de testes de flexibilidade: testes adimensionais (indireto), testes lineares (indireto) e testes angulares ou diretos.

Atividades de autoavaliação

1. Quanto ao padrão de crescimento em crianças, assinale a alternativa correta:

    a) O conceito de altura não está relacionado ao crescimento, ou seja, ao aumento do tamanho corporal e à forma linear.

    b) O crescimento do ser humano é um processo dinâmico e contínuo que ocorre desde a concepção até o final da vida, considerando-se os fenômenos de substituição e regeneração de tecidos e órgãos.

    c) Não é considerado um indicador de saúde da criança porque não mantém estreita dependência de fatores ambientais,

tais como alimentação, ocorrência de doenças, cuidados gerais e de higiene, condições de habitação e saneamento básico, bem como acesso aos serviços de saúde.

d) A herança familiar não tem relação com o padrão de crescimentos de filhos(as).

e) Para medir o potencial crescimento de um adolescente, basta somar as estaturas do pai e da mãe e obter a média.

2. Sobre as alterações metabólicas em crianças e adolescentes, assinale a afirmação correta:

a) A maioria das alterações metabólicas em crianças e adolescentes não estão associadas a questões de estilo de vida.

b) A evolução tecnológica, no cotidiano de crianças e adolescentes, aumentou o tempo gasto em atividades com maior dispêndio energético, o que pode ter contribuído para a diminuição da prevalência de obesidade nessa população.

c) O tempo de lazer sedentário entre adolescentes, incluindo tempo em frente à televisão, videogame e computador, deve ser limitado a duas horas diárias, com o objetivo de evitar efeitos negativos no peso corporal e outros desfechos de saúde.

d) As alterações metabólicas, ou prejuízos ao organismo, podem gerar um conjunto de doenças crônicas transmissíveis (DCT); associadas, vão levar ao aumento do risco de doenças cardiovasculares.

e) Alterações metabólicas só acontecem em adultos, sendo ainda mais comuns em idosos.

3. Assinale a alternativa que não corresponde a uma doença crônica não transmissível (DCNT):

a) Obesidade.
b) Câncer.
c) Artrite.
d) Diabetes.
e) Asma.

4. Sobre a flexibilidade, assinale a sentença **incorreta**:
   a) As meninas apresentam maior flexibilidade que os meninos até a idade adulta, tendo uma diminuição a partir dessa fase.
   b) O indivíduo em desenvolvimento exibe maior flexibilidade que o adulto, permitindo desvios momentâneos em sua postura que auxiliam a criança em sua adaptação às novas proporções corporais ocasionadas pelo crescimento.
   c) Durante a adolescência, devido ao estirão de crescimento puberal, não ocorre considerável perda dessa capacidade, muito pelo contrário, aumenta ainda mais.
   d) Praticar atividades físicas desde cedo, orientadas por profissionais de educação física, principalmente na iniciação esportiva, ajuda a melhorar a flexibilidade.
   e) Existem alguns esportes que desenvolvem mais flexibilidade que outros.

5. Qual componente **não** pode ser utilizado para medir as dobras cutâneas no teste para avaliar a disposição da gordura corporal em nosso corpo?
   a) Tríceps.
   b) Coxa.
   c) Pescoço.
   d) Perna.
   e) Subescapular.

6. Assinale a alternativa que **não** corresponde a um teste de flexibilidade:
   a) Teste de sentar e alcançar.
   b) Teste de Wells.
   c) Teste de sentar e alcançar sem banco.
   d) Goniômetro.
   e) Teste de extensão das pernas.

7. Qual atividade física melhor representa a capacidade física de flexibilidade?
   a) Natação.
   b) Levantamento de peso.
   c) Basquete.
   d) Balé.
   e) Nenhuma das alternativas.

8. (ENADE, 2011) A prática da atividade física está relacionada à prevenção de doenças crônicas degenerativas, a exemplo da diabetes mellitus. Por envolverem uma área comportamental, as intervenções para mudança nos padrões de atividade física das pessoas são complexas.

   PORQUE

   As evidências, tanto clínicas quanto epidemiológicas, demonstram a relação entre indicadores de saúde e atividade física, sendo esta um comportamento humano determinado pela interação das dimensões pessoal, sociocultural e biológica.

   Acerca dessas asserções, assinale a opção correta.
   a) As duas asserções são proposições verdadeiras, e a segunda é uma justificativa correta da primeira.
   b) As duas asserções são proposições verdadeiras, mas a segunda não é uma justificativa correta da primeira.
   c) A primeira asserção é uma proposição verdadeira, e a segunda é uma proposição falsa.
   d) A primeira asserção é uma proposição falsa, e a segunda é uma proposição verdadeira.
   e) Tanto a primeira quanto a segunda asserção são proposições falsas.

9. (SIAE, 2016) Em relação ao que deve ser considerado pelo professor ao planejar, participar e avaliar projetos comunitários relacionados à temática da obesidade infantil, avalie as afirmações a seguir.

É consenso que a obesidade infantil vem aumentando de forma significativa, e que ela determina várias complicações na infância e na idade adulta. Uma criança obesa tem maior probabilidade de vir a desenvolver patologias em sua vida futura, que lhe dificultarão tanto a vida pessoal como a social. O conhecimento da prevalência de obesidade e dos respectivos fatores de risco é de extrema importância para que possam ser adotadas medidas preventivas. Na infância, o tratamento pode ser ainda mais difícil do que na fase adulta, pois está relacionado a mudanças de hábitos e à disponibilidade dos pais, além de uma falta de entendimento da criança quanto aos danos da obesidade.

Amaral, O., & Pereira, C. (2016). Obesidade da genética ao ambiente. *Millenium – Journal of Education, Technologies, and Health*, (34), 311–322. Retrieved from https://revistas.rcaap.pt/millenium/article/view/8374

I. Os pais têm papel importante na prevenção, no desenvolvimento e no controle da obesidade infantil, influenciando o comportamento das crianças por meio da alimentação e dos hábitos de atividade física.
II. A escola é um local privilegiado de intervenção, cujas diretrizes de ação no combate à obesidade devem centrar-se nos alunos que apresentam sobrepeso.
III. Há momentos da vida humana, que incluem o período intrauterino e os primeiros três anos de vida, em que a má nutrição pode provocar prejuízos físicos e mentais que afetam negativamente o desenvolvimento futuro dos indivíduos.
IV. A variação do metabolismo basal em diferentes pessoas, e na mesma pessoa em circunstâncias diferentes, leva a concluir que, com a mesma ingestão calórica, uma pessoa pode engordar e outra não.

É correto apenas o que se afirma em:

a) I e III.
b) II e III.
c) II e IV.
d) I, II e IV.
e) I, III e IV.

10. (ENADE, 2013) Alterações quantitativas em inúmeras habilidades motoras têm sido objeto de estudo nas últimas décadas. Dessa forma, existe abundância de informações sobre as capacidades de desempenho de homens e de mulheres, da infância à idade adulta.

O gráfico a seguir representa o desempenho na habilidade motora de salto horizontal, tendo como base de análise o salto em distância, comparando o desempenho de crianças e adolescentes do sexo masculino e feminino, na faixa etária entre 5 e 17 anos de idade.

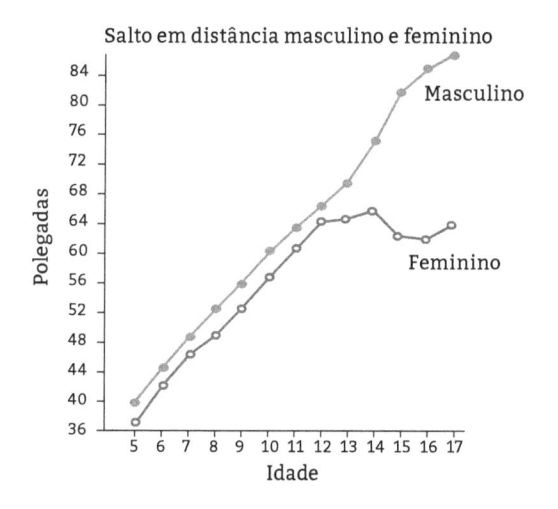

Com base nos dados de desempenho apresentados no gráfico, avalie as afirmações a seguir.

I. A dinâmica do desempenho de ambos os sexos apresenta similaridade até os 12 anos de idade.
II. O desempenho na faixa etária de 16 a 17 anos de idade apresenta ascensão nas marcas masculinas e queda nas marcas femininas.
III. O desempenho feminino apresenta uma nítida alteração, coincidente com a fase de puberdade.

É correto o que se afirma em

a) I, apenas.
b) II, apenas.
c) I e III, apenas.
d) II e III, apenas.
e) I, II e III.

11. (ENADE, 2011) A frequência de comportamentos sedentários na população brasileira tem aumentado rapidamente nas últimas décadas, independentemente da faixa etária. Dada a relação entre comportamento sedentário e aumento de doenças crônicas degenerativas, o incentivo à prática de atividade física passa a ser uma ação permanente, entre outras, para prevenção de doenças e de agravos à saúde.

Nesse contexto, avalie as asserções a seguir.

As aulas de educação física podem seguir um modelo que garanta a participação de todos os alunos, em ações reflexivas que possibilitem a experiência diversificada de práticas motoras, pois a escola é um local estratégico para intervenções em saúde, sendo possível atingir grande parcela de crianças, adolescentes e jovens.

PORQUE

Além do desenvolvimento de habilidades motoras, as aulas de educação física promovem a socialização e incentivam a adesão à prática de atividade física prazerosa que possa ser mantida em todas as fases da vida.

Acerca dessas asserções, assinale a opção correta.

a) As duas asserções são proposições verdadeiras, e a segunda é uma justificativa correta da primeira.
b) As duas asserções são proposições verdadeiras, mas a segunda não é uma justificativa correta da primeira.
c) A primeira asserção é uma proposição verdadeira, e a segunda é uma proposição falsa.
d) A primeira asserção é uma proposição falsa, e a segunda é uma proposição verdadeira.
e) As duas asserções são proposições falsas.

12. (ENADE, 2011) Uma escola solicitou a cinco professores de educação física que realizassem uma bateria de testes para avaliação física de caráter antropométrico visando-se o estudo do crescimento físico dos estudantes. Nessa avaliação, a periodicidade deve ser estabelecida pelos professores. Quanto ao exame propriamente dito, é necessário que os professores mensurem a massa corporal e a estatura dos estudantes, além de duas outras variáveis antropométricas.

Considerando essa situação hipotética, assinale a opção que apresenta corretamente a periodicidade estabelecida para a referida avaliação e as duas variáveis que devem compor a bateria de testes, cada uma delas associada ao respectivo instrumento/procedimento de mensuração.

a) Periodicidade: semestralmente; variáveis: força muscular, mensurada por meio de um dinamômetro, e relação cintura/quadril, mensurada por meio de um compasso para dobras cutâneas.
b) Periodicidade: trimestralmente; variáveis: diâmetros ósseos, mensurada por meio de um paquímetro, e perímetros segmentar (membros superiores e/ou inferiores), mensurados por meio de fita métrica.

c) Periodicidade: semestralmente; variáveis: flexibilidade dos segmentos, mensurada por meio de régua, e resistência, mensurada por meio de teste de esforço na bicicleta ergométrica.

d) Periodicidade: trimestralmente; variáveis: equilíbrio dinâmico, mensurado por meio de teste de locomoção sobre a trave, e coordenação motora geral, mensurada por meio de atividades de ambidestria.

e) Periodicidade: trimestralmente; variáveis: flexibilidade de membros superiores ou inferiores, mensurada por meio de régua, e resistência, mensurada por meio de teste de esforço na pista.

Atividades de aprendizagem

Questões para reflexão

1. Como o professor pode avaliar o crescimento de crianças e adolescentes usando método simples: peso e estatura?

2. Sozinho, o índice de massa corporal (IMC) é um bom instrumento de medida para avaliar a obesidade? Existem outras variáveis a serem consideradas?

3. Além do IMC, quais outros indicadores de fácil aplicação e relacionados à composição corporal podem ser utilizados na escola?

Atividade aplicada: prática

1. Construa um gráfico com o IMC por faixa etária e trace as curvas propostas pela Organização Mundial da Saúde (OMS) com os estudantes (crianças ou adolescentes) selecionados por você. Escolha cinco meninas e cinco meninos para esta atividade na faixa etária de 5 a 19 anos. Use o *software* WHO Anthro, apresentado neste capítulo, e depois apresente para seus colegas os resultados dessa produção.

Capítulo 5

Componentes da aptidão física relacionados à *performance* de crianças e adolescentes

Neste capítulo apresentaremos outros dois importantes componentes da aptidão física: a agilidade e o equilíbrio. A busca da melhoria na qualidade de vida, nos últimos anos, levou um número crescente de pessoas a vivenciar a prática de diferentes exercícios, visando à ampliação de seu bem-estar físico e psicológico. É fundamental trabalhar as capacidades físicas desde a infância. Estudos mostram que crianças com o desenvolvimento motor comprometido nas idades escolares iniciais terão dificuldades de aprendizagem. Por isso, a importância da educação física escolar e de atividades físicas extras para o pleno desenvolvimento de crianças em idade escolar, seja em forma de esportes ou brincadeiras, que propiciem o aumento do acervo motor, além de seu desenvolvimento afetivo, cognitivo, psicológico e social. Todas as pessoas necessitam de atividades físicas para o seu desenvolvimento, tanto no aspecto biológico quanto para o conhecimento do corpo, para criar habilidades de controle e coordenação, equilíbrio e harmonia, força e agilidade nas mais variadas atividades. Não seria diferente em crianças e adolescentes, principalmente quando falamos em *performance*. Diante dessas questões, é preciso estudar e compreender os conceitos relacionados aos componentes da aptidão física denominados *agilidade* e *equilíbrio*, sua relação com a saúde de crianças e adolescentes e a aplicabilidade de avaliações e testes de mensuração dessas aptidões físicas.

5.1 Conceitos relacionados à agilidade e ao equilíbrio

Agora, vamos examinar, atenta e detalhadamente, alguns conceitos atrelados aos componentes da aptidão física agilidade e equilíbrio.

5.1.1 Agilidade

Agilidade deriva do vocábulo latino *agilitas*, que alude à condição de ágil. Já o termo *ágil* provém de *agĭlis*, referente a quem pode usar o corpo com destreza ou aptidão, ou seja, responder a um estímulo no menor tempo possível (Conceito..., 2020)

A agilidade é uma capacidade que envolve a resistência anaeróbica alática e distingue-se da velocidade de deslocamento justamente pela mudança de direção ao se deslocar, o que não faz parte do conceito de velocidade (Tubino; Tubino; Garrido, 2007). Logo, se um indivíduo corre em linha reta o mais rápido possível, trabalha a velocidade de deslocamento, mas se houver a necessidade de mudança de direção em função de um objeto ou barreira, essa ação dependerá da junção de duas capacidades físicas, velocidade e agilidade (Perez, 2018).

Por que treinar a agilidade? O treinamento de agilidade melhora o desempenho, isto é, possibilita que crianças e adolescentes respondam a um estímulo no menor tempo possível, o que ajuda essa população a ser mais eficiente em qualquer atividade. Um bom treinamento físico desenvolve gradualmente maior resistência e melhor desempenho na prática esportiva, com a realização da atividade em cada vez menos tempo, ou seja, com maior eficiência.

Outro motivo, não menos importante, é aprimorar a resistência do corpo. Realizar atividades físicas ou esportivas e ter menos desgaste eleva a qualidade da resposta motora. Ao longo do tempo, essa resposta de forma continuada melhora a *performance* e a recuperação do indivíduo.

Todo treinamento bem realizado e com boa orientação de um profissional pode, além de oferecer os benefícios citados anteriormente, prevenir lesões. Não podemos nos esquecer da melhora do equilíbrio e do controle do corpo, ou seja, a postura. A criança ou o adolescente submetido ao treinamento de qualquer capacidade física tem um melhor controle do seu centro de gravidade, sobretudo nas fases de estirão de crescimento.

5.1.2 Equilíbrio

Do latim *aequilibrĭum*, o termo *equilíbrio* faz referência ao estado de um corpo quando as forças atuantes se compensam e se destroem mutuamente. Segundo Hamill, Knutzen e Derrick (2015), um corpo encontra-se em equilíbrio quando diferentes forças que agem sobre ele estão em direções opostas, o que faz com que se anulem. Em suas palavras, é o

> *Estado de ser uniformemente equilibrado, ou o desempenho harmonioso da função. Sua aplicação fisiológica está nas respostas biomecânicas do sistema musculoesquelético quando se está em pé, caminhando, sentando e realizando outros movimentos. A estabilidade e o equilíbrio estão relacionados com a matemática do centro de gravidade do corpo.* (Hamill; Knutzen; Derrick, 2015, p. 23)

Equilíbrio é a habilidade de manter o centro de massa corporal dentro da base de sustentação. Conforme Tubino (1984), o equilíbrio pode ser subdividido em:

- **Equilíbrio estático**: obtido quando a força resultante de todas as forças que atuam sobre o corpo é igual a zero.
- **Equilíbrio dinâmico**: obtido com o corpo em movimento.
- **Equilíbrio recuperado**: obtido em qualquer posição que o corpo apresente em determinado momento.

Em complemento, Faria et al. (2003, p. 2) afirmam que "o equilíbrio consiste em manter o centro de gravidade (CG) dentro de uma base de suporte que proporcione maior estabilidade nos segmentos corporais, durante situações estáticas e dinâmicas".

5.2 Aspectos fisiológicos da agilidade e do equilíbrio em crianças e adolescentes

É importante salientar que todas as capacidades físicas dependem do desenvolvimento correto do sistema nervoso central (SNC), que é responsável pela emissão dos estímulos necessários para que o corpo possa se mover rapidamente na direção visada e, portanto, cumprir efetivamente o objetivo solicitado.

A agilidade tem algumas peculiaridades. A primeira é que a perdemos ao longo da vida. É uma capacidade física treinável e que precisa ser aprimorada de forma correta, isso significa que é um conteúdo de alto grau perceptivo.

Além dos já mencionados, como equilíbrio e coordenação, existem outros fatores decisivos para tornar-se um indivíduo mais ou menos ágil:

- **Capacidade motora básica**: possibilidade de realizar movimentos básicos com qualidade e facilidade.
- **Capacidade motora específica**: possibilidade de executar movimentos mais específicos com igual qualidade e facilidade.
- **Capacidade psicomotora**: possibilidade de realizar movimentos coordenados e precisos no espaço e no tempo.
- **Capacidade física básica**: qualidade integral do indivíduo em termos de condições musculoesqueléticas, flexibilidade e força.

Blodgett et al. (2022) afirmam que o equilíbrio requer a combinação e a **integração de três sistemas** corporais diferentes. Embora essa habilidade inclua marcos de desenvolvimento que vão desde o nascimento até os 5 anos, muitas crianças dominam as habilidades de equilíbrio antes de entrar na pré-escola. Todos nascemos com um **sistema vestibular**, que é a base das habilidades de equilíbrio. É um sistema muito complexo, formado por minúsculos órgãos localizados dentro do ouvido. A **visão** é muito útil para desenvolver o equilíbrio, principalmente durante a primeira infância, quando a criança começa a se aventurar e explorar o mundo em seus dois pés. Por sua vez, o **sistema proprioceptivo** refere-se à capacidade do nosso cérebro de sentir como e onde estamos posicionados em um espaço, tanto o todo quanto uma parte do nosso corpo. É por isso que, mesmo quando fechamos os olhos, sabemos exatamente onde estão nossos pés. Esse sistema baseia-se no toque, na memória e na percepção, depende dos músculos e das articulações e demora mais tempo para amadurecer do que os dois primeiros.

Realizar atividades que ajudam a desenvolver os sentidos e fortalecer os músculos também contribui para o desenvolvimento do equilíbrio em crianças. Brincadeiras como jogar e pegar uma bola, subir escadas, brincar em um escorregador no parquinho, andar sobre quatro apoios como os animais, pular etc. são alguns exemplos de atividades físicas não estruturadas que auxiliam a família ou a escola no desenvolvimento do equilíbrio em crianças.

5.3 Relação das aptidões de agilidade e equilíbrio com a saúde em crianças e adolescentes

À medida que envelhecemos, todas as capacidades físicas sofrem um declínio, e aliado à diminuição da acuidade visual, força e audição, estabelece-se um quadro perfeito para diminuir o rendimento e, principalmente, provocar quedas e lesões. A agilidade reflete, então, a capacidade do ser humano (criança, jovem ou adulto) de executar movimentos rápidos, fluidos, sincronizados no tempo e no espaço, revelando destreza na sua realização. Poderão ser movimentos do cotidiano ou movimentos diretamente associados a atividades/modalidades desportivas. A destreza está diretamente relacionada com o tipo e alinhamento de fibras musculares que determinado indivíduo possui.

No trabalho com a coordenação motora, o equilíbrio tem um papel primordial, pois o aperfeiçoamento progressivo da realização motora da criança só será mantido se esta for levada a sustentar um equilíbrio corporal, seja em estado de relaxamento ou movimento, ou seja, é a base nas relações de aptidão física. Os exercícios específicos de equilíbrio vão melhorar não só a propriocepção da criança ou do adolescente, como irão fortalecer os pequenos músculos que estabilizam as articulações, garantindo assim maior controle e precisão nos movimentos.

Temos, como exemplo, o método pilates, que se caracteriza pelo desenvolvimento do equilíbrio físico e mental, buscando sempre a integração de todo o corpo na realização de qualquer movimento. É uma prática que busca o equilíbrio interior, respeitando a individualidade biológica e as possibilidades de cada praticante. Os exercícios incluídos nessa prática geralmente são dinâmicos e reproduzem a movimentação cotidiana. A evolução do método para os praticantes se dá com a diminuição progressiva das bases de apoio do corpo até a realização dos exercícios em bases instáveis e móveis, que desafiam não só o equilíbrio, mas o controle, a força, a flexibilidade e a precisão dos movimentos, buscando, ao mesmo tempo, fluência e naturalidade. A respiração, aliada ao controle abdominal, facilita a execução dos movimentos e promove um senso de centramento tanto da mente como do corpo. O método pilates pode ser aplicado em crianças, com suas adaptações, e adolescentes; e muitas escolas já o contemplam no conteúdo de ginástica.

Em síntese, cumpre enfatizar:

- A agilidade e o equilíbrio são fundamentais na infância; eles não são apenas capacidades físicas de *performance*, sendo diretamente relacionados à saúde.

- Incluir uma rotina de exercícios de equilíbrio e agilidade na escola é salutar para o bom desenvolvimento de crianças e adolescentes. Essas capacidades serão levadas ao longo de toda a vida e muito requisitadas na velhice.

5.4 Métodos de avaliação de agilidade e equilíbrio

Agilidade

Existem vários protocolos de avaliação da agilidade. O mais conhecido é o *shuttle run* (Marins; Giannichi, 2003). Outros também são usualmente encontrados, como o T-Test, *Illinois Agility Test* (IAT) (Raya et al., 2013), teste do quadrado proposto na bateria do Proesp (2021) e teste do salto em quadrante.

O IAT tem características interessantes porque atende às recomendações de Sheppard e Young (2006) para que um teste de agilidade combine qualidades físicas e cognitivas. Segundo pesquisas de Katis e Kellis (2009) e Hachana et al. (2013), o nível de confiabilidade do IAT tem sido relatado como elevado (ICC = 0,85) por cumprir critérios de confiabilidade e validade, podendo assim ser um teste aplicável para avaliar a agilidade em adolescentes. O teste IAT não será apresentado na próxima seção, mas deixamos para você, leitor, ao final da obra, a referência (Getchell, 1979) para que possa acessá-lo, caso haja interesse.

Equilíbrio

Existem vários instrumentos padronizados para avaliar o equilíbrio, especialmente em crianças. Porém, muitos requerem controle consciente da criança e não avaliam o equilíbrio funcional, aquele que auxilia a criança a utilizá-lo em sua vida cotidiana. Ainda há poucos testes padronizados e validados para crianças brasileiras.

A referência mais utilizada é o Exame Neurológico Evolutivo (ENE), desenvolvido por Lefèvre (1976) e descrito por Coelho (1999), ponderado exclusivamente por provas neurológicas tradicionais.

5.5 Principais testes de agilidade e equilíbrio para aplicação em crianças e adolescentes

Acompanhe, agora, a descrição pormenorizada de testes para averiguação de agilidade e equilíbrio na população aqui estudada.

5.5.1 Testes de agilidade

- Teste *shuttle run* ou corrida de ida e volta
    - Objetivo: avaliar a agilidade corporal em crianças e adolescentes
    - Material: dois blocos em madeira – de 5 cm x 5 cm x 10 cm – colocados a 10 cm da linha externa e separados entre si por um espaço de 30 cm (Johnson; Nelson, 1979).
    - Metodologia: para realização do teste, o local deve ser plano, com demarcação de duas linhas paralelas distantes entre si 9,14 metros a partir das suas bordas externas. A criança ou o adolescente deve ficar atrás de uma das linhas e, quando o professor (avaliador) disser "já", o avaliado deve correr o mais rápido possível em direção à linha oposta, onde se encontram os blocos, passar a linha, pegar um dos blocos, voltar e colocá-lo no chão (não pode arremessá-lo). Em seguida, deve retornar e pegar o outro bloco. Quando colocá-lo no chão, o professor parará o cronômetro que foi iniciado no "já". O tempo de desempenho do teste deve ser anotado em segundos e centésimos de segundos (duas casas).

Figura 5.1 Demonstração do teste de *shutlle run*

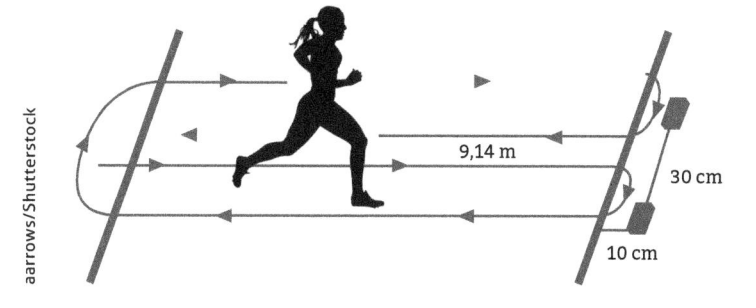

9,14 m
30 cm
10 cm

Fonte: Raimundo et al., 2021.

Tabela 5.1 Critérios de classificação do teste de *shuttle run* em crianças e adolescentes de ambos os sexos

	Percentil	9-10	11	12	13	14	15	16	17+
Masculino	100	9,2	8,7	6,8	7,0	7,0	7,0	7,3	7,0
	95	10,0	9,7	9,6	9,3	8,9	8,9	8,6	8,6
	90	10,2	9,9	9,8	9,5	9,2	9,1	8,9	8,9
	85	10,4	10,1	10,0	9,7	9,3	9,2	9,1	9,0
	80	10,5	10,2	10,0	9,8	9,5	9,3	9,2	9,1
	75	10,6	10,4	10,2	10,0	9,6	9,4	9,3	9,2
	70	10,7	10,5	10,3	10,0	9,8	9,5	9,4	9,3
	65	10,8	10,5	10,4	10,1	9,8	9,6	9,5	9,4
	60	11,0	10,6	10,5	10,2	10,0	9,7	9,6	9,5
	55	11,0	10,8	10,6	10,3	10,0	9,8	9,7	9,6
	50	11,2	10,9	10,7	10,4	10,1	9,9	9,9	9,8
	45	11,5	11,0	10,8	10,5	10,1	10,0	10,0	9,9
	40	11,5	11,1	11,0	10,6	10,2	10,0	10,0	10,0
	35	11,7	11,2	11,1	10,8	10,4	10,0	10,1	10,1
	30	11,9	11,4	11,3	10,0	10,6	10,2	10,3	10,2
	25	12,0	11,5	11,4	11,0	10,7	10,4	10,5	10,4
	20	12,2	11,8	11,6	11,3	10,9	10,5	10,6	10,5
	15	12,5	12,0	11,8	11,5	11,0	10,8	10,9	10,7
	10	13,0	12,2	12,0	11,8	11,3	11,1	11,1	11,0
	5	13,1	12,9	12,4	12,4	11,9	11,7	11,9	11,7
	0	17,0	20,0	22,0	16,0	18,6	14,7	15,0	15,7

(continua)

(Tabela 5.1 – conclusão)

	Percentil	9-10	11	12	13	14	15	16	17+
Feminino	100	8,0	8,4	8,5	7,0	7,8	7,4	7,8	8,2
	95	10,2	10,0	9,9	9,9	9,7	9,9	10,0	9,6
	90	10,5	10,3	10,2	10,0	10,0	10,0	10,2	10,1
	85	10,9	10,5	10,5	10,2	10,1	10,2	10,4	10,1
	80	11,0	10,7	10,6	10,4	10,2	10,3	10,5	10,3
	75	11,1	10,8	10,8	10,5	10,3	10,4	10,6	10,4
	70	11,2	11,0	10,9	10,6	10,5	10,5	10,8	10,5
	65	11,4	11,0	11,0	10,8	10,6	10,6	10,9	10,7
	60	11,5	11,1	11,1	11,0	10,7	10,9	11,0	10,9
	55	11,6	11,3	11,2	11,0	10,9	11,0	11,1	11,0
	50	11,8	11,5	11,4	11,2	11,0	11,0	11,2	11,1
	45	11,9	11,6	11,5	11,3	11,2	11,1	11,4	11,3
	40	12,0	11,7	11,5	11,5	11,4	11,3	11,5	11,5
	35	12,0	11,9	11,7	11,6	11,5	11,4	11,7	11,6
	30	12,3	12,0	11,8	11,9	11,7	11,6	11,9	11,9
	25	12,5	12,1	12,0	12,0	12,0	11,8	12,0	12,0
	20	12,8	12,3	12,1	12,2	12,1	12,0	12,1	12,2
	15	13,0	12,6	12,5	12,6	12,3	12,2	12,5	12,5
	10	13,8	13,0	13,0	12,8	12,8	12,6	12,8	13,0
	5	14,3	14,0	13,3	13,2	13,1	13,3	13,7	14,0
	0	18,0	20,0	15,3	16,5	19,2	18,5	24,9	17,0

Fonte: Hunsicker; Reiff, 1988, p. 38, 46, tradução nossa.

- **Teste do salto em quadrante**
  - Objetivo: aferir mudanças da posição do corpo através de um salto.
  - População: crianças ou adultos de 10 a 35 anos.
  - Material: quadra poliesportiva, fita adesiva e cronômetro.
  - Metodologia: o salto deve ser realizado dentro de um quadrado conforme o modelo na Figura 5.2. Para iniciar o teste, o avaliado deve seguir a ordem numérica. Não pode tocar

a linha com o pé nem pular fora da ordem. Desconta-se metade de um ponto para cada erro. O teste tem duração total de 10 segundos.

Figura 5.2 Modelo do quadrado do salto em quadrante

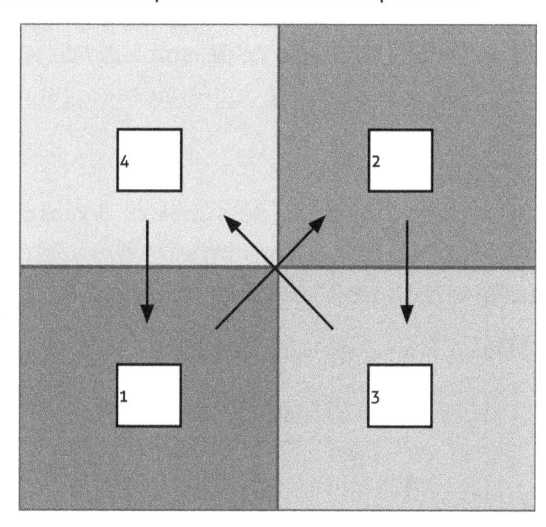

Fonte: Lima et al., 2012, p.2.

- **Teste de agilidade de Semo (Johnson; Nelson, 1979)**
  - Objetivo: avaliar a velocidade de execução e a mudança de direção em movimentos executados lateralmente, para frente e para trás.
  - População: crianças ou adultos de 10 a 35 anos.
  - Material: quadra poliesportiva, cones (ou garrafas de PET) e cronômetro.
  - Metodologia: a Figura 5.3 representa a distribuição dos cones distantes entre si em 4 metros. O objetivo do teste é se deslocar o mais rápido possível pelos cones, em uma ordem predeterminada: cones 2, 3 e 1, sempre os contornando pela direita. Continuar até o cone 4 e então

contorná-lo à esquerda, seguindo até o cone 2 e contorná-lo à esquerda até o ponto final do teste. O valor do teste é obtido com o tempo total gasto para realizar a tarefa, que pode ser controlado pelo cronômetro. Serão realizadas duas tentativas, sendo registrado para fins de avaliação o menor tempo. O tempo de desempenho do teste deve ser anotado em segundos e centésimos de segundos (duas casas).

- Orientação por vídeo:
AGILIDADE – Quadrado de 4 metros. **Proesp**, 24 out. 2014. 2 min. Disponível em: <https://www.youtube.com/watch?v=UmtKjnxLJGo>. Acesso em: 5 dez. 2022.

Figura 5.3 Modelo do teste agilidade de Semo

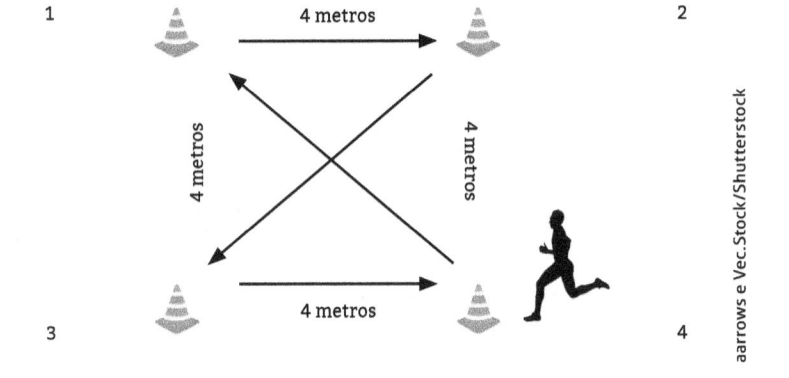

Fonte: Proesp, 2023b.

5.5.2 Testes de equilíbrio

- Equilíbrio dinâmico
    - Objetivo: testar o equilíbrio dinâmico.
    - População: crianças e adolescentes.
    - Material: duas cadeiras, um cone, giz.

- Metodologia: a Figura 5.4 representa a disposição do teste. É preciso colocar uma cadeira e demarcar distâncias de 1,80 m para direita e para esquerda com um cone em cada ponto. Em continuidade, marcar um "x" na frente da cadeira que o avaliado colocará os pés, a qual deve ficar posicionada a 1,50 m para trás dos cones. Neste teste, o avaliado fica sentado na cadeira, com os calcanhares apoiados no solo, à espera do comando de atenção. Ao sinal de "já", levanta-se movendo-se para a direita, circunda o cone, retorna à cadeira e senta-se. Tão logo se senta, levanta-se novamente e percorre no outro sentido para circundar o segundo cone e retornar para a cadeira. O avaliado deverá completar dois circuitos sucessivos. O professor ou avaliador deve certificar-se de que o avaliado se sentou, devendo tirar ligeiramente os pés do solo a cada vez que se sentar (AAHPERD, 1980).

Figura 5.4 Demonstração do teste de equilíbrio dinâmico

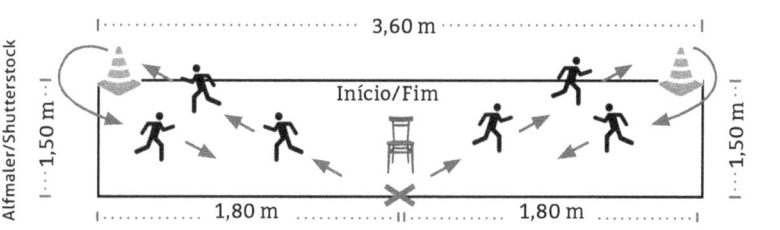

Fonte: Zago; Gobbi, 2003, citados por Benedetti; Mazo; Gonçalves, 2014, p. 11.

Equilíbrio estático
- Objetivo: classificar e diagnosticar os diferentes estágios motores para identificar possíveis deficiências e realizar comparações.
- População: dividida por faixa etária, que começa com 2 anos e termina com 11 anos.
- Material: sem material específico.

- Metodologia: a Escala de Desenvolvimento Motor (EDM) serve para avaliar algumas formas de motricidade fina, global e equilíbrio. O desenvolvimento motor é utilizado para determinar a idade motora geral por meio da adição de resultados positivos. Este teste é de fácil aplicabilidade. O professor, conforme a idade da criança, deverá solicitar que fique na posição indicada no Quadro 5.1.

Quadro 5.1 Testes de equilíbrio estático da escala de desenvolvimento motor

2 anos – Equilíbrio estático sobre um banco.	3 anos – Equilíbrio sobre um joelho.	4 anos – Equilíbrio com o tronco flexionado.	5 anos – Equilíbrio nas pontas dos pés.	6 anos – Equilíbrio em pé manco estático.
7 anos – Equilíbrio de cócoras (olhos fechados).	8 anos – Equilíbrio com o tronco flexionado e nas pontas dos pés.	9 anos – Equilíbrio fazendo um quatro com as pernas.	10 anos – Equilíbrio nas pontas dos pés (olhos fechados).	11 anos – Equilíbrio em pé manco estático (olhos fechados).

Fonte: Elaborado com base em Rosa, 2002.

▌ Síntese

Quadro 5.2 Principais testes de agilidade e equilíbrio para aplicação em crianças e adolescentes

Seções do capítulo	Objetivos e pontos importantes	Conceitos e elementos que subsidiaram a discussão
5.1 Conceitos relacionados à agilidade e ao equilíbrio.	Conhecer os conceitos relacionados à agilidade e ao equilíbrio.	Agilidade é a capacidade de um organismo responder a um estímulo no menor tempo possível; O equilíbrio é o estado de um corpo quando as forças atuantes se compensam e se destroem mutuamente; Vantagens do treinamento físico em agilidade.
5.2 Aspectos fisiológicos da agilidade e do equilíbrio em crianças e adolescentes.	Entender os aspectos fisiológicos da agilidade e do equilíbrio em crianças e adolescentes; A agilidade é uma capacidade física treinável e que precisa ser aprimorada de forma correta, isso significa que é um conteúdo de alto grau perceptivo; O equilíbrio requer a combinação e a integração de três sistemas corporais diferentes: sistema vestibular, visão e sistema proprioceptivo.	A agilidade e o sistema nervoso central (SNC); As capacidades físicas dependem do desenvolvimento correto do SNC.

(continua)

(Quadro 5.2 – conclusão)

Seções do capítulo	Objetivos e pontos importantes	Conceitos e elementos que subsidiaram a discussão
5.3 Relação das aptidões de agilidade e equilíbrio com a saúde em crianças e adolescentes	Compreender a relação dos componentes de agilidade e equilíbrio com a saúde de crianças e adolescentes; Exercícios de equilíbrio fortalecem os pequenos músculos que estabilizam as articulações, garantindo assim maior controle e precisão nos movimentos; já a agilidade é levada para a vida toda na realização das tarefas diárias.	O equilíbrio tem um papel muito importante no desenvolvimento infantil, pois o aperfeiçoamento progressivo da realização motora da criança só será mantido se esta for levada a sustentar um equilíbrio corporal, seja em estado de relaxamento ou movimento.
5.4 Métodos de avaliação de agilidade e equilíbrio.	Identificar os principais métodos de avaliação de agilidade e equilíbrio.	Diferentes métodos de avaliação de agilidade e equilíbrio.
5.5 Principais testes de agilidade e equilíbrio para aplicação em crianças e adolescentes.	Entender a aplicação dos principais testes de agilidade e equilíbrio em crianças e adolescentes.	Diferentes testes para avaliar equilíbrio e agilidade em crianças e adolescentes; Testes de agilidade: *shuttle run*, teste do salto em quadrante, teste de agilidade de Semo ou teste do quadrado 4 × 4; Testes de equilíbrio: equilíbrio dinâmico e equilíbrio estático.

Atividades de autoavaliação

1. Analise as proposições e assinale a alternativa **incorreta**:
   a) Capacidade física pode ser definida como todo atributo físico treinável num organismo humano. Em outras palavras, são todas as qualidades físicas motoras passíveis de treinamento, comumente classificadas em diversos tipos.
   b) A agilidade é apenas um dos atributos da capacidade física, pois é possível mensurar toda a *performance* do atleta num treinamento de alto rendimento, por exemplo.
   c) A velocidade, a resistência e a força podem ser consideradas atributos da capacidade física, pois é possível mensurar toda a *performance* do atleta num treinamento de alto rendimento.
   d) A visão é muito útil para desenvolver o equilíbrio, principalmente durante a primeira infância, porque a criança começa a se aventurar e explorar o mundo em seus dois pés.
   e) Todas as alternativas são falsas.

2. Quais são as qualidades físicas motoras que vão definir as capacidades físicas?
   a) Agilidade, flexibilidade, força, resistência, velocidade, equilíbrio e coordenação motora.
   b) Flexibilidade, força, resistência, velocidade, equilíbrio e corpo sarado.
   c) Força, boa aparência, boa estatura, resistência, velocidade e coordenação motora.
   d) Força e velocidade.
   e) Nenhuma das alternativas anteriores.

3. Qual atividade física melhor representa a capacidade física de agilidade?

   a) Natação.
   b) Levantamento de peso.
   c) Basquete.
   d) Bocha.
   e) Nenhuma das alternativas.

4. Qual atividade física melhor representa a capacidade física de coordenação motora?

   a) Tiro ao alvo.
   b) Levantamento de peso.
   c) Pular corda.
   d) Balé.
   e) Nenhuma das alternativas.

5. Qual atividade física melhor representa a capacidade física de equilíbrio?

   a) Natação.
   b) Levantamento de peso.
   c) Ginástica artística (trave).
   d) Rúgbi.
   e) Nenhuma das alternativas.

6. (ENADE, 2016) O profissional de educação física que atua na área de ginástica artística em um clube tem como finalidade o aperfeiçoamento do exercício denominado parada de mãos, também conhecido como parada de dois apoios, pelos praticantes sob sua orientação. Considerando o objetivo desse professor, para executar esse exercício, o praticante deve:

   a) manter o seu corpo na postura grupada invertida.
   b) manter o seu corpo na postura carpada invertida.
   c) apresentar agilidade e equilíbrio para realizar a postura carpada.

d) manter o seu corpo na postura estendida invertida.
e) passar, respectivamente, pelas posturas carpada, grupada e estendida.

Atividades de aprendizagem

Questões para reflexão

1. A agilidade pode ser levada por toda a vida. Ciente disso, quais fatores impediriam uma criança de ser ágil?
2. O equilíbrio é o mesmo em diferentes fases da vida?
3. As capacidades físicas de agilidade e equilíbrio devem ser trabalhadas a partir de qual faixa etária? Elas são treináveis?

Atividade aplicada: prática

1. Convide um grupo de crianças e adolescentes e prepare um circuito, incluindo atividades de agilidade e equilíbrio que vimos ao longo do capítulo. Nos testes de agilidade, use cronômetro para auxiliar na resposta ao estímulo. Observe a execução do movimento em crianças e adolescentes e anote se houve ou não diferença na execução.

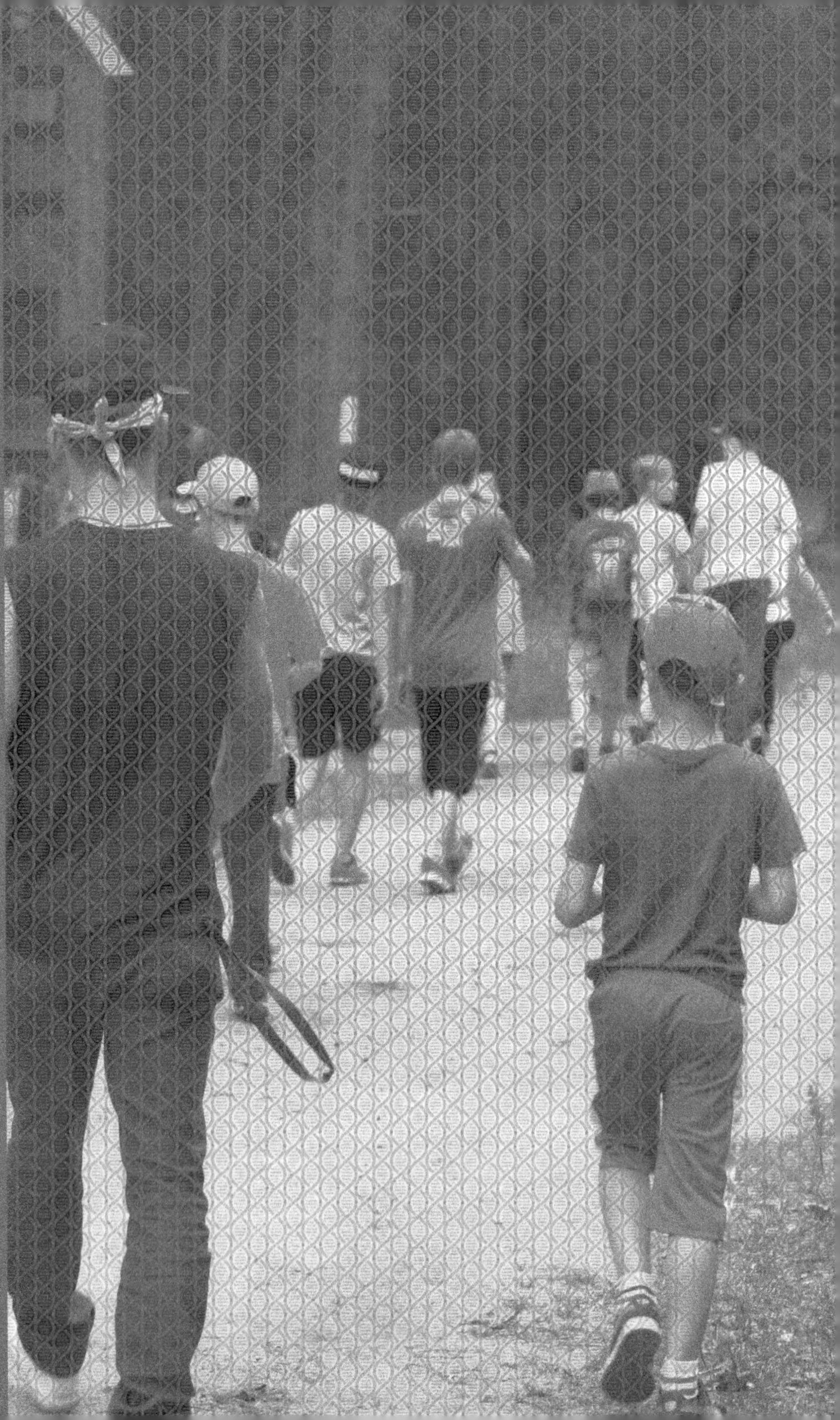

Capítulo 6

Aptidão física e saúde na educação física escolar

Neste último capítulo compreenderemos os processos de ensino e aprendizagem das aptidões físicas e de saúde na escola e a aplicação de atividades de desenvolvimento dessas aptidões. A escola é um espaço privilegiado para trabalharmos a aptidão física de crianças e adolescentes. É nesse ambiente que as crianças têm os primeiros contatos com atividades físicas estruturadas. Por isso, o profissional que está na escola tem que conhecer cada fase de desenvolvimento infantil, além das capacidades físicas para cada faixa etária. A educação física nas escolas tem o privilégio de relacionar o desenvolvimento motor e a aptidão física para a saúde e bem-estar de todos os alunos (Nahas et al., 1995). Neste capítulo veremos os seguintes conteúdos: abordagem de aptidão física e vida saudável na escola e atividades para desenvolvimento da flexibilidade, aptidão cardiorrespiratória, aptidão muscular, agilidade e equilíbrio. Ao final deste capítulo, esperamos que o leitor seja capaz de: compreender a abordagem adequada das aptidões físicas e de vida saudável nas aulas de educação física, conhecer atividades para desenvolvimento da flexibilidade, aptidão cardiorrespiratória, aptidão muscular, agilidade e equilíbrio em crianças e adolescentes.

6.1 Abordagem de aptidão física e vida saudável na escola

Para melhor entender a abordagem da aptidão física, é necessário compreender os pressupostos das diversas abordagens de educação física (EF) que surgiram no contexto da década de 1980. Até então, a única abordagem da EF era tecnicista, ou seja, com valorização exagerada de recursos técnicos ou tecnológicos (Gonçalves, 2005).

Figura 6.1 Professora de educação física ministrando aula para crianças

wavebreakmedia/Shutterstock

A inserção da EF nas escolas brasileiras teve maior influência da medicina e das instituições militares. A medicina pela promoção de saúde e educação saudável e a natureza militar pelo incentivo à virilidade (força) e ao caráter nacionalista/patriota (Bracht, 1999). Nesse período a EF desempenhava um papel importante no projeto de Brasil dos militares, ligada ao desenvolvimento da aptidão física e esportiva. A aptidão física era considerada essencial para a capacidade produtiva da classe trabalhadora do país, já a aptidão esportiva visava ao destaque como nação desenvolvida (Bracht, 1999). Este tema foi abordado no Capítulo 1, quando traçamos o percurso histórico do termo *aptidão motora* e, depois, *aptidão física*.

Atualmente, a EF é a área de maior responsabilidade para promover o desenvolvimento humano por intermédio da atividade física. Especificamente nas escolas, tem a a oportunidade de se relacionar com o desenvolvimento motor e a aptidão física para a saúde e bem-estar de todos os alunos (Nahas et al., 1995).

6.1.1 Hábitos de atividade física, alimentação e sono em escolares

Hábitos saudáveis podem ser trabalhados em diferentes disciplinas dentro da escola e de forma interdisciplinar. Porém, é na disciplina de Educação Física que este conteúdo se evidencia mais ainda. A aptidão física pode ser abordada de diferentes maneiras, desde a vivência de atividades práticas, como exercícios para o desenvolvimento das capacidades físicas, até a realização de protocolos para avaliar as condições físicas nas mais diferentes idades no ambiente escolar.

Com relação aos hábitos de atividade física, outra possibilidade de conteúdo dentro do currículo escolar é discutir sobre o sedentarismo e os fatores de risco em crianças e adolescentes, que muitas vezes não atingem as recomendações nacionais de atividade física dispostas no *Guia de atividade física para a população brasileira* (Brasil, 2021) e, em nível internacional, da Organização Mundial de Saúde (OMS – WHO, 2010b). No mundo, somente 15% dos adolescentes se exercitam o suficiente, e oito em cada dez crianças e adolescentes não realizam atividade física suficiente. Hoje, no Brasil, 84% dos adolescentes na faixa etária de 11 a 17 anos são considerados menos ativos do que deveriam. Enquanto 78% dos meninos brasileiros praticam menos exercícios físicos do que o recomendável, o índice é de 89% entre as meninas.

É necessário estimular nas meninas o interesse por atividades físicas e investir na criação de espaços onde elas se sintam seguras para praticar esportes. Todo esse contexto de atividade física acaba refletindo na aptidão física das crianças e dos adolescentes.

Outro ponto fundamental é abordar, principalmente com os adolescentes, a importância de controlar o tempo em tela. A Sociedade Brasileira de Pediatria (SBP, 2018) organizou um guia com o objetivo de promover a saúde e o bem-estar de crianças e adolescentes em contato constante com tecnologias digitais, como *smartphones*, computadores e *tablets*. O guia traz também alguns dados importantes sobre a pesquisa TIC Kids Online Brasil (CGI-BR, 2019), realizada pelo CETIC.br/NIC.br, com uma amostra representativa de 2.964 famílias e entrevistas de crianças e adolescentes brasileiros entre 9 e 17 anos. A pesquisa demonstrou que 86% estão conectados, o que corresponde a 24,3 milhões de usuários da internet, com a variação entre 94% e 95% nas regiões Sul, Sudeste e Centro-Oeste, e 75% nas regiões Norte e Nordeste. O acesso ocorre pelo telefone celular em 93% dos casos, com compartilhamento de mensagens instantâneas, sendo 80% meninas e 75% meninos; uso de redes sociais, 70% meninas e 64% meninos; compartilhamento de fotos e vídeos, 53% meninas e 44% meninos; jogos *on-line*, 39% meninas e 71% meninos; atividades *off-line*, 56% meninas e 65% meninos; além de assistir a vídeos, filmes e programas ou séries, 83% tanto em meninas como em meninos. Posse de perfil em redes sociais é referida por 82% do total da amostra. Os dados demonstram não só a relevância dos riscos à saúde, de maneira geral, mas também riscos de transtornos de saúde mental e problemas comportamentais. Por isso, a urgência de trazer o assunto para as aulas de educação física e correlacioná-lo à aptidão física voltada à saúde.

Figura 6.2 Exemplos de ações que podem melhorar o sono em crianças e adolescentes

- Beber leite quente
- Definir uma hora para dormir
- Ouvir músicas relaxantes
- Desligar as luzes
- Evitar beber café
- Manter os ambientes frescos
- Praticar meditação
- Desligar o celular

TORWAISTUDIO/Shutterstock

Quanto aos hábitos alimentares, a maior dificuldade enfrentada pelos governos no mundo é o excesso de peso e a obesidade. Para discutirmos o assunto, precisamos ter um conhecimento prévio sobre o panorama do estado nutricional dos nossos estudantes dentro da escola.

Em um estudo transversal com base nos dados da Pesquisa Nacional de Saúde da Escola (PeNSE) (IBGE, 2016), os resultados mostraram que a prevalência de excesso de peso no Brasil era de 24,2%, variando de 20,7% na Região Nordeste a 27,8% na Região Sul. Já a prevalência de sedentarismo no Brasil foi de 67,8%, variando de 61,8% na Região Norte a 70,3% na Região Sudeste.

Dados do estudo transnacional *Health Behaviour in School-aged Children* (HBSC, 2020) estimam que um em cada cinco adolescentes da Europa e América do Norte apresentou sobrepeso ou obesidade (Inchley et al., 2020). No Brasil, a prevalência supera 27% em crianças e adolescentes (Silva et al., 2018); ademais, o excesso de peso e o sedentarismo alertam para as enormes diferenças em saúde pública existentes em nosso país.

Apesar de o excesso de peso ser reconhecido como um problema de saúde pública, é um fator de risco modificável, e neste ponto deve ser trabalhado e conscientizado nas escolas, principalmente pelos profissionais de educação física.

A alimentação saudável é essencial para o desenvolvimento de práticas mais saudáveis de vida. Alimentar-se adequadamente influencia até mesmo no aprendizado da criança (desempenho cognitivo), além do crescimento. Atividades práticas na escola são uma ótima oportunidade de a criança e o adolescente vivenciarem a combinação de frutas e verduras para fazer sucos e vitaminas. Os sucos e vitaminas naturais produzidos podem ser experimentados no ambiente escolar, sendo apresentados, de maneira interdisciplinar e transdisciplinar, os nutrientes e as funções das vitaminas na geração de energia de que precisamos para nosso dia a dia. A produção de alimentos orgânicos dentro do espaço escolar (hortas) também tem sido uma estratégia de ensino adotada por muitas instituições no tratamento do tema.

É importante ressaltar que o consumo de sucos de fruta industrializados – por serem frequentemente adoçados, além de não apresentarem fibras que previnem a constipação intestinal – associa-se a cáries e à obesidade em crianças. Há uma preocupação crescente quanto à ingestão de açúcares livres, especialmente sob a forma de bebidas açucaradas. Essas bebidas aumentam a ingestão total de energia e podem reduzir a ingestão de alimentos que contêm calorias nutricionalmente mais adequadas, levando assim a uma alimentação não saudável, ao aumento de peso e do risco de doenças crônicas não transmissíveis (DCNT). Além disso, podem conduzir a uma situação especial de desnutrição, em que há concomitância de obesidade com déficit de altura, pelo fato de as crianças não ingerirem nutrientes necessários para o crescimento. Aqui ressaltamos o acompanhamento das curvas de crescimento, além do IMC-z score e estatura da criança e do adolescente, abordados no Capítulo 4.

É inegável que o uso exacerbado de tecnologias entre nossas crianças e adolescentes tem delineado novos desafios, principalmente no campo educacional. As tecnologias de informação (TICs) são um recurso muito aproveitado na área de educação física, sobretudo os *smartphones*, por oferecerem vasta gama de aplicativos com as mais variadas funções que impactam nas atividades do dia a dia; exemplo são os aplicativos de contagem de passos (Careless, 2013). Também existem aplicativos capazes de monitorar o nível de atividade física, através de variáveis como contagem de passos por dia, frequência cardíaca (FC), saturação de oxigênio e pressão arterial (PA). Porém, ainda há poucos estudos que comprovem a confiabilidade dessas medições.

As tecnologias podem ser e são muito utilizadas por professores de educação física nas escolas, tanto no ensino fundamental quanto no ensino médio. Cruz Junior e Silva (2010, p. 11) ressaltam que as ferramentas tecnológicas "são ferramentas e conhecimentos pedagógicos necessários no currículo atual. Negar tal conhecimento ao aluno é negar oportunidades dignas de participação, transformação e inclusão em um ambiente social crescente de informações e interações rápidas, como a cibercultura".

6.1.2 Aptidão física relacionada à saúde

A aptidão física relacionada à saúde envolve cinco componentes: força muscular, resistência muscular, resistência cardiorrespiratória, flexibilidade e composição corporal. Outros componentes como velocidade, potência muscular e agilidade estão mais relacionados à aptidão motora. Isso não quer dizer que temos de colocá-los em segundo plano. São tão importantes e necessários para nossas crianças quanto os relacionados à saúde. Várias entidades nacionais, como o Centro de Estudos do Laboratório de

Aptidão Física de São Caetano do Sul (CELAFISCS), e internacionais, como a Associação Americana de Saúde, Educação Física, Esportes e Dança (AAHPERD), desenvolveram diferentes baterias de testes físicos para avaliar a aptidão física em crianças e adolescentes.

No Brasil, o CELAFISCS desenvolveu testes de medidas de potência aeróbia, corrida de 1200 metros, banco de Astrand ou Balke e cicloergômetro; medidas de potência anaeróbia alática, teste de 50 metros; medidas da potência anaeróbia total, teste de corrida de 40 segundos; medidas de *performance* motora, impulsão vertical, horizontal, *shuttle run*, teste de barra, dinamometria manual e lombar; e medidas psicossociais. Além do doutor Victor Matsudo à frente dos estudos do CELAFISCS, é importante ressaltar também os estudos do professor Dartagnan Pinto Guedes em testes de aptidão física. Temos outros autores, como Barbanti (1982), Böhme e Freitas (1989) e Nahas (2013), que também discutiram conceitos e instrumentos sobre aptidão física. Em 2004, Gaya propôs um conjunto de medidas e testes para a avaliação da aptidão física de crianças e adolescentes brasileiros, conhecido como *Projeto Esporte Brasil* (Proesp). Em 2016, Gaya e Gaya atualizaram a versão do instrumento, e cabe destacar que as capacidades físicas incluídas no constructo aptidão física relacionada ao desempenho motor são: aptidão cardiorrespiratória, velocidade, agilidade e potência de membros inferiores e superiores.

Durante a realização de testes de aptidão física, é importante o professor ou avaliador perceber que os resultados não significam que a criança ou o adolescente está doente, mas que apresenta fatores de risco. Um exemplo é a obesidade abdominal. Se os valores estão elevados, indicam que há uma chance aumentada do desenvolvimento de algum fator de risco que pode acometer a criança ou o adolescente em outra fase de sua vida (Proesp, 2021). Por exemplo: crianças e adolescentes que apresentaram aptidão cardiorrespiratória em zona de risco à saúde = chances aumentadas de desenvolver hipertensão; flexibilidade em zona de risco à saúde = chances aumentadas de desenvolver desvios posturais.

6.2 Atividades para o desenvolvimento da flexibilidade

A flexibilidade pode ser trabalhada em diferentes ambientes, em atividades estruturadas e não estruturadas. Na Figura 6.3, alguns exemplos de exercícios de flexibilidade que podem ser trabalhados no ambiente escolar ou em outros. A dança, o pilates, a ioga, as ginásticas artística e rítmica desportiva são exemplos de conteúdos que melhoram a flexibilidade da criança e do adolescente.

Figura 6.3 Exercícios de flexibilidade na prática da ioga

NotionPic/Shutterstock

6.3 Atividades para aptidão cardiorrespiratória

Os exemplos de exercícios aeróbios mais comuns são caminhar, correr, nadar, remar, andar de patins, pedalar, pular corda e dançar. Todas essas atividades mobilizam vários grupos musculares ao mesmo tempo. A principal característica desse tipo de atividade é que ela deve ter longa duração e, geralmente, intensidade baixa, moderada ou vigorosa. Movimentar braços e pernas aprimora a resistência cardiorrespiratória e leva a uma boa condição física.

Além de ajudar a eliminar os quilos extras, os exercícios aeróbios são responsáveis por aumentar a resistência à fadiga, ajudam a reduzir o estresse e fortalecem o sistema imunológico. Eles também colaboram para o aumento da produção do neurotransmissor conhecido como *serotonina*. Com isso, há uma melhora na qualidade do sono e do humor, assim como a diminuição dos sintomas da ansiedade e da depressão.

Para a elaboração de um programa aeróbico, existem algumas orientações gerais na prescrição das atividades:

- Frequência (número de sessões semanais): ideal de 3 a 5 vezes, conforme as recomendações de atividade física para a idade;
- Intensidade (nível de esforço): 50% a 85% da frequência cardíaca máxima;
- Duração (tempo de cada sessão): 20 a 60 minutos;
- Atividades (modalidades): corrida, caminhada, natação etc.

Figura 6.4 Exercícios e esportes para desenvolver a aptidão cardiorrespiratória

6.4 Atividades para aptidão muscular

A diminuição e perda de força e resistência muscular geram condições de fraqueza, desequilíbrio corporal, entre outras consequências que podem levar à redução da qualidade de vida (Matsudo et al., 2002; Suárez-Reyes; Fernández-Verdejo; Salazar, 2022). A fim de ajudar a evitar essa situação, apresentamos algumas atividades para desenvolver a aptidão muscular tanto em crianças como em adolescentes.

Figura 6.5 Exercícios para desenvolver a aptidão muscular

NotionPic/Shutterstock

graphixmania/Shutterstock

Figura 6.6 Circuito isométrico de exercícios para realizar utilizando computador, celular ou televisão

Macrovector/Shutterstock

6.5 Atividades para agilidade e equilíbrio

Citaremos nesta seção alguns exemplos de atividades para treinar a agilidade e o equilíbrio.

6.5.1 Atividades de agilidade

- Atividade de *slalom* (zigue-zague)

A criança ou o adolescente fica atrás de uma linha de partida e deve percorrer postes alinhados verticalmente, contornando-os de um lado e do outro até atingir a meta. A intenção é cronometrar o tempo de execução para poder medir o progresso. Quanto mais rápido, maior será a agilidade adquirida.

- **Percurso de obstáculos**

A criança ou o adolescente fica atrás da linha de partida e deve correr pulando obstáculos de certa altura, localizados ao longo da pista, tentando não os derrubar ou tropeçar. É uma atividade que requer coordenação e flexibilidade, além de muita resistência física. Da mesma forma, deve ser cronometrada para a medição do progresso.

- **Corrida com tacos (semelhante ao *shuttle run test*)**

A criança ou o adolescente fica atrás da linha de partida e deve correr o mais rápido possível em direção a uma linha situada a cerca de 9 metros de distância. Existem alguns tacos de madeira no chão, que o executante deve levantar um a um, retornar à linha de partida, colocá-los novamente no chão e correr de novo em busca do próximo. O terreno deve ser liso e plano. É necessário cronometrar os resultados para quantificar o progresso do indivíduo em termos de agilidade.

- **Agilidade entre cones com ou sem material**

O professor deverá dispor 10 cones em linha reta ou em forma de percurso e a criança ou o adolescente deverá se deslocar entre os cones o mais rápido possível, utilizando-se de bola ou apenas correndo ou se deslocando lateralmente. O professor adequará ao esporte ou ao objetivo da atividade.

6.5.2 Atividades de equilíbrio

Exercícios de equilíbrio podem ser incorporados em diferentes brincadeiras para as crianças. Esportes como ginástica artística, ginástica rítmica, algumas provas de atletismo, surfe, *slackline* e *skate* são exemplos de atividades que exigem equilíbrio.

Figura 6.7 Exercícios para desenvolver o equilíbrio

SofiaV/Shutterstock

III Síntese

Quadro 6.1 Aptidão física e saúde na educação física escolar

Seções do capítulo	Objetivos e pontos importantes	Conceitos e elementos que subsidiaram a discussão
6.1 Abordagem de aptidão física e vida saudável na escola.	Compreender a abordagem adequada das aptidões físicas e de vida saudável nas aulas de educação física.	A educação física é a área de maior responsabilidade para promover o desenvolvimento humano através da atividade física; A aptidão física na escola; Panorama do sedentarismo no Brasil entre os sexos; Hoje, no Brasil, 84% dos adolescentes na faixa etária de 11 a 17 anos são considerados menos ativos do que deveriam, destes, 78% dos meninos brasileiros praticam menos exercícios físicos do que o recomendável, o índice é de 89% entre as meninas; A recomendação de atividade física para crianças e adolescentes é de pelo menos uma hora por dia com atividades mais intensas, como correr, nadar, pedalar, saltar ou com brincadeiras que trabalhem com o peso corporal e aceleram mais a respiração e o batimento cardíaco.

(continua)

(Quadro 6.1 – conclusão)

Seções do capítulo	Objetivos e pontos importantes	Conceitos e elementos que subsidiaram a discussão
6.2 Atividades para desenvolvimento da flexibilidade.	Conhecer atividades para desenvolvimento da flexibilidade em crianças e adolescentes.	Exemplos de atividades estruturadas e não estruturadas para se trabalhar a flexibilidade: ioga, pilates, as ginásticas, entre outras modalidades.
6.3 Atividades para aptidão cardiorrespiratória.	Conhecer atividades para desenvolvimento da aptidão cardiorrespiratória em crianças e adolescentes.	Exemplos de atividades para desenvolver a aptidão cardiorrespiratória: natação, corrida, caminhada, andar de bicicleta.
6.4 Atividades para aptidão muscular.	Conhecer atividades para desenvolvimento da aptidão muscular em crianças e adolescentes.	Exemplos de exercícios para desenvolver a aptidão muscular em crianças e adolescentes: ginástica artística.
6.5 Atividades para agilidade e equilíbrio.	Conhecer atividades para desenvolvimento da agilidade e do equilíbrio em crianças e adolescentes.	Exemplos de exercícios para desenvolver a agilidade e o equilíbrio em crianças e adolescentes: caminhar sobre um banco, corrida com obstáculos.

Atividades de autoavaliação

1. Sobre vida saudável, assinale a alternativa **falsa**:
   a) Hábitos saudáveis podem ser trabalhados em diferentes disciplinas na escola.
   b) A aptidão física pode ser abordada de diferentes formas, tanto na vivência de atividades práticas como em exercícios para o desenvolvimento das capacidades físicas.
   c) No mundo, o sedentarismo atinge mais da metade das crianças e adolescentes.

d) Além da atividade física, hábitos alimentares e de sono são indicadores de uma boa qualidade de vida em crianças e adolescentes.

e) Não é função da escola incentivar crianças e adolescentes a praticarem atividade física e terem bons hábitos alimentares.

2. Assinale a atividade que **não** pode ser realizada em ambiente escolar:
    a) Preparo de sucos e vitaminas.
    b) Restabelecimento do sono.
    c) Participação em escolinhas de esportes em contraturno.
    d) Cozimento de receitas saudáveis.
    e) Cultivo de hortas com produtos orgânicos.

3. Sobre o tempo de tela por crianças e adolescentes, assinale a proposição **incorreta**:
    a) O tempo de tela recomendado é de até 2 horas por dia, segundo a Sociedade Brasileira de Pediatria.
    b) Todo tempo de tela acima de 2 horas deve ser compensado com pelo menos uma hora a mais de atividade física moderada-vigorosa.
    c) *Tablets* e celulares não são indicados para crianças menores de 3 anos de idade, principalmente no momento das refeições.
    d) Tempo de tela aumentado pode causar transtornos mentais em adolescentes.
    e) O tempo de tela que a criança passa em atividades escolares não é considerado tempo sedentário.

4. Assinale o esporte que **não** trabalha a flexibilidade:
    a) Ioga.
    b) Dança
    c) Ginástica circense.
    d) Ginástica rítmica desportiva.
    e) Arremesso de peso.

5. Sobre as orientações gerais para prescrever atividades em um programa aeróbico, assinale a alternativa **incorreta**:
   a) Frequência (número de sessões semanais) – ideal de 3 a 5 vezes, conforme as recomendações de atividade física para a idade.
   b) Intensidade (nível de esforço) – 50% a 85% de frequência cardíaca máxima.
   c) Duração (tempo de cada sessão) – 20 a 60 minutos.
   d) Atividades (modalidades) – corrida, caminhada, natação etc.
   e) Nenhuma das alternativas anteriores.

6. (ENADE, 2004) Um professor de educação física de uma turma de ensino médio encontra-se diante de um problema de avaliação. Seus alunos apresentam diferentes níveis de desempenho físico-técnico nas atividades realizadas durante o bimestre. Diante de tal situação, cabe ao professor, pedagogicamente,
   a) aplicar testes padronizados, pois assim estaria demonstrando uma postura objetiva, ou seja, de neutralidade, em que todos receberiam o mesmo tratamento.
   b) considerar o ponto de partida de cada um no início do bimestre, sem desprezar os avanços daqueles que já começaram com desempenho mais elevado.
   c) avaliar teoricamente, através de provas escritas/orais, porém sem considerar tal procedimento na média final, pois os conteúdos desenvolvidos tiveram caráter físico-esportivo.
   d) considerar a frequência às aulas como o único parâmetro avaliativo, em se tratando de uma disciplina que não pode ser ministrada a distância.
   e) valorizar o empenho nas aulas, cultivando o individualismo e a competitividade, pois a educação física não pode contrariar os valores dominantes da sociedade.

7. (ENADE, 2014) Considerando o texto apresentado, avalie as afirmações a seguir.

> *Programas de Educação Física escolar com ênfase na educação para saúde não se restringem unicamente ao desenvolvimento de ações direcionadas aos aspectos fisiológicos associados à prática de atividades físicas. Evidências demonstram que o controle das características dos esforços físicos a que os escolares são submetidos nas aulas pode exercer significativa influência na aquisição e no cultivo dos hábitos do presente e do futuro no tocante à prática sistemática das atividades físicas.*
>
> GUEDES, D.P.; GUEDES, J.E.R.P. Rev. paul. Educ. Fís., São Paulo, 15(1):33-44, jan./jun. 2001 (adaptado)

I. As aulas de educação física devem estimular o conhecimento da fisiologia humana em situação de atividade física.
II. Nas aulas de educação física, as avaliações antropométricas informam sobre os níveis de aptidão física, constituindo-se meio de acompanhamento do estado de saúde.
III. Nas aulas de educação física, as atividades aeróbicas e neuromusculares são estratégias que garantem melhoras no condicionamento cardiorrespiratório.
IV. Os professores de educação física, em suas aulas, podem utilizar indicadores como percentual de gordura corporal, frequência cardíaca e força dinâmica para orientar os estudantes sobre seu nível de aptidão física.
V. As aulas de educação física são suficientes para induzir adaptações fisiológicas no organismo, promovendo aderência a um estilo de vida ativo.

É correto apenas o que se afirma em:
a) I, II e IV.
b) I, III e V.
c) I, IV e V.
d) II, III e IV.
e) II, III e V.

8. (ENADE, 2007) Considerando o planejamento educacional como uma ferramenta estratégica para subsidiar a busca de alternativas para a solução dos problemas vivenciados na intervenção do profissional de educação física que trabalha com uma turma de atividades esportivas, assinale a opção correta.

   a) Se o profissional pretende favorecer a aprendizagem dos participantes, deve evitar conciliar dois objetivos antagônicos: a diversificação das possibilidades gerais de movimento e a oportunidade de aperfeiçoamento das habilidades específicas.
   b) Se o profissional tem por objetivo contribuir para a ressignificação dos conhecimentos por parte dos participantes, ele deve utilizar uma concepção educativa com foco no processo ensino-aprendizagem.
   c) Se o profissional não dispõe de recursos materiais adequados, ele deve substituir as aulas práticas por teóricas, aguardando até que as condições precárias de trabalho sejam modificadas.
   d) Se o profissional assume, nos objetivos, o compromisso com a formação de atitudes, ele deve enfatizar a transmissão de conteúdos informativos acerca das qualidades corporais e a utilização de testes que indiquem a melhoria da aptidão física.
   e) Se o profissional assume uma postura de diretividade pedagógica na definição dos objetivos, ele deve ouvir os interesses dos participantes e atendê-los plenamente.

Atividades de aprendizagem

Questões para reflexão

1. Por que motivo e para quem (professor e/ou aluno) é importante trabalhar com testes de aptidão física relacionada à saúde nas aulas de educação física?

2. De que modo o professor pode contribuir para a conscientização familiar em relação a hábitos alimentares, atividade física e sono das crianças?

3. Quais encaminhamentos os professores podem realizar, em conjunto com a escola, nos casos de crianças que apresentam riscos à saúde (por exemplo, obesidade e hipertensão arterial)?

Atividade aplicada: prática

1. Como chegamos ao final da obra, é hora de colocar em prática o que foi aprendido no decorrer dos capítulos. Procure um espaço adequado (pode ser seu local de trabalho ou o de um colega de turma) para realizar dois testes de uma capacidade física da aptidão física relacionada à saúde (você irá escolher qual). Convide preferencialmente cinco crianças ou adolescentes de ambos os sexos. Após a aplicação, produza um relatório individual sobre o estado de saúde e o desempenho deles no teste. Não se esqueça dos procedimentos éticos e da linguagem de fácil entendimento. Antes de fazer a devolutiva aos alunos, discuta os resultados com seus pares e professores. Para aqueles(as) alunos(as) que apresentarem deficiência em alguma capacidade física, elabore uma sequência de exercícios extras e sugira que ele(a) pratique em casa, sozinho(a) ou com a família. Aproveite para escrever um texto motivador.

Considerações finais

Ao longo dos capítulos desta obra, pudemos compreender o quanto as capacidades físicas são essenciais em todas as fases da vida dos sujeitos. Por isso, é fundamental que o professor de Educação Física – aquele profissional que marca presença nas salas de aula desde os primeiros anos das crianças – esteja atento a essas capacidades e saiba desenvolvê-las, de forma a proporcionar benefícios a seus alunos, com ênfase no aspecto recreacional e divertido do exercício.

Nesse sentido, uma das maiores dificuldades de avaliar a aptidão física relacionada à saúde não é o processo em si de testar crianças e adolescentes, mas o de utilizar os dados coletados para elaborar atividades físicas que tirem essa população da zona de risco.

Em oposição ao que ocorre em instituições de ensino superior (contexto em que os programas educacionais dessa área são mais comuns), os programas educacionais em escolas e voltados a conscientizar sobre a importância do exercício na aptidão física e na saúde ainda encontram obstáculos. Eles também devem incentivar o engajamento de crianças e adolescentes em atividades físicas apropriadas fora das escolas.

Os pais ou responsáveis por essas crianças e jovens precisam colaborar com os professores e darem bons exemplos de condicionamento físico, promovendo a aptidão física e demonstrando de que maneira ela afeta a saúde e o bem-estar dessa população.

Avaliar a aptidão física em outros contextos (como comunidades e demais organizações), com base em critérios científicos, também é de inegável importância para o monitoramento e a implementação de políticas públicas relacionadas à saúde de crianças e adolescentes. Nessa direção, as oportunidades de exercício físico na comunidade devem ser expandidas. E não se pode perder de vista que premiar *performances* excelentes vai na contramão dessas políticas de aptidão física relacionadas à saúde.

Diante desse cenário, esta obra reúne conhecimentos científicos básicos para auxiliar os futuros profissionais que atuarão em diferentes segmentos da educação física. Por se tratar da área da saúde, a todo momento as referências são atualizadas; por essa razão, é salutar que esses profissionais também estejam atentos às novas diretrizes e recomendações de instituições nacionais e mundiais nos *sites* oficiais. Ademais, os professores de Educação Física ainda são responsáveis por essas mudanças de diretrizes por meio de pesquisas e observações cotidianas sobre seus estudantes no que se refere à aptidão física relacionada à saúde.

Esperamos que este livro tenha fornecido as ferramentas necessárias para assimilar esses conhecimentos, construir e difundir novos, além de atuar com autonomia e eficiência nos diferentes âmbitos da educação física.

Lista de siglas

AAHPERD	Associação Americana de Saúde, Educação Física, Esportes e Dança
ACSM	Colégio Americano de Medicina Esportiva
ADP	adenosina difosfato
AHA	American Heart Association
APCR	aptidão cardiorrespiratória
ATP	adenosina trifosfato
BIA	bioimpedância elétrica
CA	circunferência abdominal
CA/E	circunferência abdominal/estatura
CELAFISCS	Centro de Estudos do Laboratório de Aptidão Física de São Caetano do Sul
CEP	Comitê de Ética em Pesquisa
CNS	Conselho Nacional de Saúde
Conep	Comissão Nacional de Ética em Pesquisa
DAC	doença arterial coronariana
DCNT	doenças crônicas não transmissíveis
DM2	diabetes mellitus tipo 2
DXA	absorciometria de raio-x de dupla energia
ECA	Estatuto da Criança e do Adolescente
EDM	Escala de Desenvolvimento Motor
EF	Educação Física
ENE	exame neurológico evolutivo
FC	frequência cardíaca

FL	flexibilidade lombar	
FTL	flexibilidade toracolombar	
FTIR	espectrometria de infravermelho com transformação de Fourier	
GH	hormônio do crescimento	
HAS	hipertensão arterial sistêmica	
HDL	*high density lipoprotein*	
IAT	*Illinois Agility Test*	
IMC	índice de massa corporal	
IPAQ	*International Physical Activity Questionnaire*	
LDL	*low density lipoprotein*	
NCYFS II	The National Children and Youth Fitness Study	
OMS	Organização Mundial de Saúde	
PA	pressão arterial	
PAQ-A	*Physical Activity Questionnaire for Adolescent*	
PAQ-C	*Physical Activity Questionnaire for Children*	
pH	potencial hidrogeniônico	
Proesp	Projeto Esporte Brasil	
PSE	teste de percepção subjetiva de esforço	
RAST	*Running Anaerobic Test*	
RCEst	relação cintura-estatura	
RI	resistência insulínica	
SBAFS	Sociedade Brasileira de Atividade Física e Saúde	
SBP	Sociedade Brasileira de Pediatria	
SEU	teste de sentar e alcançar unilateral	
SNA	sistema nervoso simpático	
SNC	sistema nervoso central	
SpO2	saturação periférica de oxigênio	
SWT	*Shuttle Walk Test*	
TC	teste da caminhada	
TC6'	teste de caminhada de 6 minutos	
TICs	tecnologias de informação	
TSEU	teste de sentar e alcançar unilateral	
VO_2máx	volume de oxigênio máximo	

Referências

AAHPERD – American Alliance for Health, Physical Education, Recreation and Dance. **Health-related Fitness Test Battery Manual**. Reston, 1980.

AAP – American Academy of Pediatrics. Strength Training by Children and Adolescents. **Pediatrics**, Chicago, v. 121, n. 4, p. 835-840, Apr. 2008.

ACSM – American College of Sports Medicine. Aptidão física na infância e na adolescência. **Revista Brasileira de Medicina do Esporte**, v. 3, n. 2, p. 39-40, abr./jun. 1997.

ACSM – American College of Sports Medicine. **Manual do ACSM para avaliação da aptidão física relacionada à saúde**. 10. ed. Rio de Janeiro: Guanabara Koogan, 2019.

ACSM – American College of Sports Medicine. Quantity and Quality of Exercise for Developing and Maintaining Cardiorespiratory, Musculoskeletal, and Neuromotor Fitness in Apparently Healthy Adults: Guidance for Prescribing Exercise. **Medicine and Science in Sports and Exercise**, Hagerstown, v. 43, n. 7, p. 1334-1359, July 2011.

ACSM – American College of Sports Medicine. **Strength Training by Children and Adolescents**. September, 2002.

ADM – American Development Model. **Sensitivity to Training**. Disponível em: <https://cdn1.sportngin.com/attachments/photo/2836/4469/TrainabilityChart.png>. Acesso em: 11 fev. 2023.

AGUIAR, R. C. et al. Principais alterações fisiológicas decorrentes da obesidade: um estudo teórico. **Sanare**, Sobral, v. 17, n. 2, p. 56-65, jul./dez. 2018.

ALTER, M. J. **Ciência da flexibilidade**. 3. ed. Porto Alegre: Artmed, 2010.

ANDRADE, M. dos S.; LIRA, C. A. B. de. **Fisiologia do exercício**. Barueri: Manole, 2016.

ARAÚJO, C. G. S. de. Flexiteste – uma nova versão dos mapas de avaliação. **Kinesis**, v. 2, n. 2, p. 231-257, jul./dez. 1986. Disponível em: <https://periodicos.ufsm.br/kinesis/article/view/10262/6245>. Acesso em: 11 fev. 2023.

ARAÚJO, C. G. S. de. **Fundamentos biológicos**: medicina desportiva. Rio de Janeiro: Ao Livro Técnico, 1985.

ARAÚJO, D.; ARAÚJO, C. G. S. de. Aptidão física, saúde e qualidade de vida relacionada à saúde em adultos. **Revista Brasileira de Medicina do Esporte**, v. 6, n. 5, p. 194-203, set./out. 2000. Disponível em: <https://doi.org/10.1590/S1517-86922000000500005>. Acesso em: 11 fev. 2023.

ARGOLO, D. F.; HUDIS, C. A.; IYENGAR, N. M. The Impact of Obesity on Breast Cancer. **Brazilian Journal of Medical and Biological Research**, São José do Rio Preto, v. 20, n. 6, 2021.

ASHER, C. **Variações de postura na criança**. São Paulo: Manole, 1976.

ATOMI, Y. et al. Relationship between Lactate Threshold during Running and Relative Gastrocnemius Area. **Journal of Applied Physiology**, v. 63, n. 6, p. 2343-2347, Dec. 1987.

BAECHE, T. R.; EARLE, R. W. **Fundamentos de treinamento de força e do condicionamento físico**. 3. ed. Barueri: Manole, 2009.

BAKER, D. G.; NEWTON, R. U. Methods to Increase the Effectiveness of Maximal Power Training for the Upper Body. **Strength and Conditioning Journal**, v. 27, p. 24-32, Dec. 2005. Disponível em: <https://www.fittech.com.au/docs/BakerNewton.pdf>. Acesso em: 12 fev. 2023.

BARBANTI, V. J. **A Comparative Study of Selected Anthropometric and Physical Fitness Measurements of Brazilian and American School Children**. Tese (Doutorado em Filosofia na Educação Física) – University of Lowa, Lowa, 1992.

BARBANTI, V. J. **Aptidão física**: um convite à saúde. São Paulo: Manole, 1990.

BARBANTI, V. J. **Dicionário de educação física e esporte**. 2. ed. São Paulo: Manole, 2003.

BARROW, H. M.; McGEE, R. **A Practical Approach to Measurement in Physical Education**. Philadelphia: Lea & Febiger, 1978.

BASES – British Association of Sport and Exercise Science. Position Statement on Guidelines for Resistance Exercise in Young People. **Journal of Sports Sciences**, v. 22, n. 4, p. 383-390, Apr. 2004.

BEIGHTON, P.; HÓRAN, F. Dominant Inheritance in Familial Generalised Articular Hypermobility. **The Journal of Bone and Joint Surgery**, v. 52, n. 1, p. 145-147, 1970.

BENEDET, J. et al. Treinamento resistido para crianças e adolescentes. **ABCS Health Sciences**, v. 38, n. 1, p. 203-207, 2013. Disponível em: <http://files.bvs.br/upload/S/1983-2451/2013/v38n1/a3663.pdf>. Acesso em: 12 fev. 2023.

BENEDETTI, T. R.; MAZO, G. Z.; GONÇALVES, L. H. Bateria de testes da AAHPERD: adaptação para idosos institucionalizados. **Revista Brasileira de Cineantropometria e Desempenho Humano**, v. 16, n. 1, p. 1-13, 2014. Disponível em: <https://www.scielo.br/j/rbcdh/a/9JrpcfR8jvbnRxpczY8mQyv/?format=pdf&lang=pt>. Acesso em: 12 fev. 2023.

BLAIR, S. N. et al. Physical Fitness and All-Cause Mortality: a Prospective Study of Healthy Men and Women. **Journal of the American Medical Association**, Chicago, v. 262, p. 2395-2401, 1989.

BLODGETT, J. M. et al. Stability of Balance Performance from Childhood to Midlife. **Pediatrics**, v. 150, n. 1, 2022.

BLOOMFIELD, J.; ACKLAND, T. R.; ELLIOT, B. C. **Applied Anatomy and Biomechanics in Sport**. New York: Wiley, 1994.

BLOOMFIELD, J.; WILSON, G. Flexibilidade nos esportes. In: ELLIOT, B.; MESTER, J. **Treinamento no esporte**: aplicando ciência no esporte. São Paulo: Phorte, 2000.

BÖHME, M. T. S. Relações entre aptidão física, esporte e treinamento esportivo. **Revista Brasileira de Ciência e Movimento**, Brasília, v. 11, n. 3, p. 97-104, jul./set. 2003. Disponível em: <https://portalrevistas.ucb.br/index.php/rbcm/article/view/517>. Acesso em: 12 fev. 2023.

BÖHME, M. T. S.; FREITAS, M. C. **Aptidão física**: avaliação de aspectos relacionados com a saúde. Viçosa: Imprensa Universitária, 1989.

BOMPA, T. O.; CORNACCHIA, L. J. **Treinamento de força consciente**. São Paulo: Phorte, 2000.

BORIN, J. P. et al. Buscando entender a preparação desportiva a longo prazo a partir das capacidades físicas em crianças. **Arquivos em Movimento**, Rio de Janeiro, v. 3, n. 1, p. 87-102, jan./jun. 2007. Disponível em: <https://revistas.ufrj.br/index.php/am/article/view/9091/7221>. Acesso em: 12 fev. 2023.

BOUCHARD, C. et al. **Exercise, Fitness and Health**: a Consensus of Current Knowledge. Champaign: Human Kinetics, 1990.

BRACHT, V. A constituição das teorias pedagógicas da educação física. **Cadernos Cedes**, Campinas, ano XIX, v. 19, n. 48, p. 69-88, ago. 1999. Disponível em: <https://www.scielo.br/j/ccedes/a/3NLKtc3KPprBBcvgLQbHv9s/?format=pdf&lang=pt>. Acesso em: 12 fev. 2023.

BRASIL. Conselho Nacional de Saúde. Resolução n. 1, de 13 de junho de 1988. **Diário Oficial da União**, Brasília, DF, jun. 1988.

BRASIL. Conselho Nacional de Saúde. Resolução n. 196, de 10 de outubro de 1996. **Diário Oficial da União**, Brasília, DF, out. 1996. Disponível em: <https://bvsms.saude.gov.br/bvs/saudelegis/cns/1996/res0196_10_10_1996.html>. Acesso em: 12 fev. 2023.

BRASIL. Conselho Nacional de Saúde. Resolução n. 251, de 7 de agosto de 1997. **Diário Oficial da União**, Brasília, DF, ago. 1997. Disponível em: <http://bvsms.saude.gov.br/bvs/saudelegis/cns/1997/res0251_07_08_1997.html>. Acesso em: 5 dez. 2022.

BRASIL. Conselho Nacional de Saúde. Resolução n. 466, de 12 de dezembro de 2012. **Diário Oficial da União**, Brasília, DF, jan. 2013.

BRASIL. Conselho Nacional dos Direitos da Criança e do Adolescente. Resolução n. 41, de 13 de outubro de 1995. **Diário Oficial da União**, Brasília, DF, 17 out. 1995.

BRASIL. Ministério da Saúde. **Guia de atividade física para a população brasileira**. Brasília, DF, 2021. Disponível em: <https://bvsms.saude.gov.br/bvs/publicacoes/guia_atividade_fisica_populacao_brasileira.pdf>. Acesso em: 13 fev. 2023.

BRASIL. Lei n. 8.069, de 13 de julho de 1990. **Diário Oficial da União**, Poder Legislativo, Brasília, DF, 16 jul. 1990. Disponível em: <https://www.planalto.gov.br/ccivil_03/leis/l8069.htm>. Acesso em: 8 fev. 2023.

BRITO, L. M. S. et al. Indoor Physical Activities, Eating and Sleeping Habits among School Adolescents During COVID-19 Pandemic. **Revista Brasileira de Atividade Física de Saúde**, Curitiba, v. 25, p. 1-6, 2020. Disponível em: <https://rbafs.org.br/RBAFS/article/view/14260/11052>. Acesso em: 13 fev. 2023.

BUSTAMANTE, A.; BEUNEN, G.; MAIA, J. Valoración de la aptitud física en niños y adolescentes: construcción de cartas percentílicas para la región central del Perú. **Revista Peruana de Medicina Experimental y Salud Publica**, Lima, v. 29, n. 2, p. 188-197, 2012. Disponível em: <http://www.scielo.org.pe/pdf/rins/v29n2/a04v29n2.pdf>. Acesso em: 13 fev. 2023.

CARELESS, J. EMS Apps Make Life Easier: How to Put Your Smartphone to Better Use. **EMS World**, v. 42, n. 2, 2013.

CARLI, M. E. C. et al. Comportamento sedentário e excesso de peso estão associados à alteração do perfil cardiometabólico em meninas. **Brazilian Journal of Health Review**, São José dos Pinhais, v. 5, n. 1, p. 181-198, 2022. Disponível em: <https://ojs.brazilianjournals.com.br/ojs/index.php/BJHR/article/view/42364/pdf>. Acesso em: 13 fev. 2022.

CARSON, V. et al. Systematic Review of the Relationships between Physical Activity and Health Indicators in the Early Years (0-4 years). **BMC Public Health**, v. 17, n. 5, p. 33-63, 2017. Disponível em: <https://bmcpublichealth.biomedcentral.com/articles/10.1186/s12889-017-4860-0>. Acesso em: 13 fev. 2022.

CAVALCANTI, C. B. dos S. et al. Obesidade abdominal em adolescentes: prevalência e associação com atividade física e hábitos alimentares. **Arquivos Brasileiros de Cardiologia**, Rio de Janeiro, v. 94, n. 3, p. 371-377, mar. 2010. Disponível em: <https://www.scielo.br/j/abc/a/n3z9YwkPgHmBzZ99nRJtm7w/?lang=pt>. Acesso em: 13 fev. 2022.

CGI-BR – Comitê Gestor da Internet no Brasil. **Pesquisa Tic Kids Online Brasil 2018**. São Paulo: Cetic, 2019. Disponível em: <https://cetic.br/pt/pesquisa/kids-online/>. Acesso em: 15 dez. 2022.

CHAVES, T. de O.; BALASSIANO, D. H.; ARAÚJO, C. G. S. de. Influência do hábito de exercício na infância e adolescência na flexibilidade de adultos sedentários. **Revista Brasileira de Medicina do Esporte**, Rio de Janeiro, v. 22, n. 4, p. 256-260, jul./ago. 2016. Disponível em: <org/10.1590/1517-869220162204159118>. Acesso em: 13 fev. 2023.

COELHO, J. J. et al. Influência da flexibilidade e sexo na postura de escolares. **Revista Paulista de Pediatria**, v. 32, n. 3, p. 223-228, set. 2014. Disponível em: <https://doi.org/10.1590/0103-0582201432312>. Acesso em: 5 dez. 2022.

COELHO, J. J. et al. Effect of Sedentary Lifestyle, Nutritional Status and Sex on the Flexibility of School Children. **Revista Brasileira de Crescimento e Desenvolvimento Humano**, São Paulo, v. 23, n. 2, p. 144-150, 2013. Disponível em: <http://pepsic.bvsalud.org/scielo.php?script=sci_arttext&pid=S0104-12822013000200004>. Acesso em: 13 fev. 2022.

COELHO, M. S. **Avaliação neurológica infantil nas ações primárias de saúde**. Rio de Janeiro: Atheneu, 1999.

COFFEY, V. G.; HAWLEY, J. A. The Molecular Bases of Training Adaptation. **Sports Med**, Melbourne, v. 37, n. 9, p. 737-763, 2007.

CONCEITO DE agilidade. 2020. Disponível em: <https://conceito.de/agilidade>. Acesso em: 19 dez. 2022.

CONTE, M. et al. Influência da massa corporal sobre a aptidão física em adolescentes: estudo a partir de escolares do ensino fundamental e médio de Sorocaba/SP. **Revista Brasileira de Medicina do Esporte**, v. 6, n. 2, p. 44-49, mar./abr. 2000. Disponível em: <https://www.scielo.br/j/rbme/a/7mc7bt9vQj5S45dbzncMt9f/?format=pdf&lang=pt>. Acesso em: 13 fev. 2023.

CRUZ JUNIOR, G.; SILVA, E. M. da. A (ciber)cultura corporal no contexto da rede: uma leitura sobre os jogos eletrônicos do século XXI. **Revista Brasileira de Ciências do Esporte**, Florianópolis, v. 32, n. 2-4, p. 89-104, dez. 2010. Disponível em: <https://www.scielo.br/j/rbce/a/LDgKdFrRMV9zhK4W54GxwYF/?format=pdf&lang=pt>. Acesso em: 13 fev. 2023.

DE BRUIN, E. J. et al. Effects of Sleep Manipulation on Cognitive Functioning of Adolescents: a Systematic Review. **Sleep Medicine Reviews**, v. 32, p. 45–57, 2017.

DOURADO, V. Z. **Classificação da aptidão cardiorrespiratória e seu papel mediador na saúde cardiometabólica e respiratória de adultos**: resultados tranversais do estudo EPIMOV. 77 f. Tese (Livre-docência em Ciências do Movimento Humano) – Universidade Federal de São Paulo, Santos, 2019. Disponível em: <https://repositorio.unifesp.br/handle/11600/53360>. Acesso em: 13 fev. 2023.

DUARTE JUNIOR, M. A. dos S. et al. Association between Eating Habits, Body Mass Index, Cardiorespiratory Fitness, and Cardiometabolic Risk Factors in Children. **Revista de Nutrição**, v. 34, 2021. Disponível em: <https://doi.org/10.1590/1678-9865202134e200116>. Acesso em: 15 dez. 2022.

DUMUID, D. et al. Health-Related Quality of Life and Lifestyle Behavior Clusters in School-Aged Children from 12 Countries. **The Journal of Pediatrics**, v. 183, p. 178-183, 2017.

ECKERT, H. M. Age Changes in Motor Skills. In: RARICK, G. L. **Physical activity:** Human Growth and Development. New York: Academic Press, 1973.

EKBLOM, Ö.; ODDSSON, K.; EKBLOM, B. Health-Related Fitness in Swedish Adolescents between 1987 and 2001. **Acta Paediatrica**, v. 93, p. 681-686, 2007. Disponível em: <https://doi.org/10.1111/j.1651-2227.2004.tb02997.x>. Acesso em: 19 dez. 2022.

ESPAÑA-ROMERO, V. et al. Hand Span Influences Optimal Grip Span in Boys and Girls Aged 6 to 12 Years. **The Journal of Hand Surgery**, v. 33, n. 3, p. 378-384, 2008.

FAIGENBAUM, A. D.; MYER, G. D. Pediatric Resistance Training: Benefits, Concerns, and Program Design Considerations. **Current Sports Medicine Reports**, v. 9, n. 3, p. 161-168, 2010.

FARIA, J. de C. et al. Importância do treinamento de força na reabilitação da função muscular, equilíbrio e mobilidade de idosos. **Acta Fisiátrica**, v. 10, n. 3, p. 133-137, 2003. Disponível em: <https://www.revistas.usp.br/actafisiatrica/article/view/102461>. Acesso em: 15 dez. 2022.

FERNANDÉZ, M. D.; SAÍNZ, A. G.; GARZÓN, M. J. C. **Treinamento físico-desportivo e alimentação**: da infância à idade adulta. Porto Alegre: Artmed, 2002.

FLECK, S. T.; KRAEMER, W. J. **Fundamentos do treinamento de força muscular**. Tradução de Jerri Luis Ribeiro e Regina Machado Garcez. 3. ed. Porto Alegre: Artmed, 2006.

FLETCHER, G. F. et al. Statement on Exercise: Benefits and Recommendations for Physical Activity Programs for all Americans. **Circulation**, Dallas, v. 86, n. 1, p. 340-344, 1992.

FRANCHINI, E. Teste anaeróbio de Wingate: Conceitos e aplicação. **Revista Mackenzie de Educação Física e Esporte**, São Paulo, v. 1, n. 1, p. 11-27, 2002.

FREEDMAN, D. S. et al. Relation of Circumference and Skinfold Thicknesses to Lipid and Insulin Concentrations in Children and Adolescents: The Bogalusa Heart Study. **The American Journal of Clinical Nutrition**, Oxford, v. 69, n. 2, p. 308-317, 1999.

FREITAS, C. et al. Obesidade e sua influência sobre o câncer: uma recente revisão da literatura. **Revista de Atenção à Saúde**, São Caetano do Sul, v. 67, n. 19, p. 344-356, 2021.

GALLAHUE, D. L.; OZMUN, J. C. **Compreendendo o desenvolvimento motor**: bebês, crianças, adolescentes e adultos. São Paulo: Phorte, 2003.

GALLAHUE, D. L.; OZMUN, J. C.; GOODWAY, J. D. **Compreendendo o desenvolvimento motor**: bebês, crianças, adolescentes e adultos. Tradução de Denise Regina de Sales. Porto Alegre: AMGH Editora, 2013.

GAYA, A. et al. Crescimento e desempenho motor em escolares de 7 a 15 anos provenientes de famílias de baixa renda. **Movimento**, ano V, n. 9, 1998.

GAYA, A. et al. **Projeto Esporte Brasil**: manual de medidas, testes e avaliações. 5. ed. Porto Alegre: Ed. da UFRGS, 2021.

GAYA, A. C.; GAYA, A. **Projeto Esporte Brasil**: manual de testes e avaliação. Porto Alegre: Ed. da UFRGS, 2016.

GAYA, A.; SILVA, G. **Projeto Esporte Brasil**: manual de aplicação de medidas e testes, normas e critérios de avaliação. Porto Alegre: Proesp, 2007. Disponível em: <http://bbheart.com.br/MANUAL%20DE%20APLICA%C3%87%C3%83O%20PROESP.pdf>. Acesso em: 11 fev. 2023.

GENC, H.; CIGERCI, A. E. S. O. Effect of 8-Week Core Training Exercises on Physical and Physiological Parameters of Female Handball Players. **Revista Brasileira de Medicina do Esporte**, São Paulo, v. 23, n. 6, p. 297-305, 2019.

GERBER, Z. R. S.; ZIELINSKI, P. Fatores de risco de aterosclerose na infância: um estudo epidemiológico. Arquivos Brasileiros de Cardiologia, São Paulo, v. 69, n. 4, p. 231-236, out. 1997.

GETCHELL, B. **Physical Fitness**: a Way of Life. 2. ed. New York: John Wiley and Sons, Inc., 1979.

GLANER, M. F. Nível de atividade física e aptidão física relacionada à saúde em rapazes rurais e urbanos. **Revista Paulista de Educação Física**, São Paulo, v. 16, n. 1, p. 76-85, jan./jun. 2002.

GOMES, M. J. M.; NASCIMENTO, E. G. C. As multifacetas do excesso de peso na criança: uma revisão sistemática. **Revista de Atenção à Saúde**, São Caetano do Sul, v. 13, n. 45, p. 70-79, jul./set. 2015.

GOMES, M. R.; TIRAPEGUI, J. Relação entre o fator de crescimento semelhante à insulina (igf-1) e atividade física. **Revista Brasileira de Atividade Física & Saúde**, Florianópolis, v. 3, n. 4, p. 66-76, 2008.

GONÇALVES, H. R. et al. Análise de informações associadas a testes de potência anaeróbia em atletas jovens de diferentes modalidades esportivas. **Arquivos de Ciências da Saúde da UNIPAR**, Umuarama, v. 11, n. 2, p. 107-121, maio/ago. 2007.

GONÇALVES, V. O. Concepções e tendências pedagógicas da educação física: contribuições e limites. **Revista Eletrônica de Educação do Curso de Pedagogia do Campus Avançado de Jataí da Universidade Federal de Goiás**, Goiás, v. 1, n. 1, p. 1-8, jan./jul. 2005.

GRAHAME, R. Joint Hipermobility and Genetic Collagen Disorders: are They Related? **Arch Dis Child**, v. 80, n. 2, p.188-191, 1999.

GRAHAME, R. Time to Take Hypermobility Seriously (in Adults and Children). **Rheumatology**, Oxford, v. 40, n. 5, p. 485-487, 2001.

GRAY, H.; GOSS, C. M. M. D. Anatomy of the Human Body. **American Journal of Physical Medicine**, v. 53, n. 6, dez. 1974.

GUEDES, D. P. Atividade física, aptidão física e saúde. In: CARVALHO, T.; GUEDES, D. P.; SILVA, J. G. (Org.). **Orientações básicas sobre atividade física e saúde para profissionais das áreas de educação e saúde**. Brasília: Ministério da Saúde; Ministério da Educação e do Desporto, 1996.

GUEDES, D. P. **Crescimento, composição corporal e desempenho motor de crianças e adolescentes do município de Londrina/PR**. Tese (Doutorado em Educação Física) – Escola de Educação Física e Esportes, Universidade de São Paulo, São Paulo, 1994.

GUEDES, D. P. Recursos antropométricos para análise da composição corporal. **Revista Brasileira de Educação Física e Esporte**, São Paulo, v. 20, n. 5, p. 115-119, set. 2006. Disponível em: <http://citrus.uspnet.usp.br/eef/uploads/arquivo/v%2020%20supl5%20artigo28.pdf>. Acesso em: 13 fev. 2023.

GUEDES, D. P.; GUEDES, J. E. R. P. Atividade física, aptidão física e saúde. **Revista Brasileira de Atividade Física e Saúde**, v. 1, n. 1, p. 18-35, 1995a. Disponível em: <https://rbafs.org.br/RBAFS/article/view/451/495>. Acesso em: 13 fev. 2023.

GUEDES, D. P.; GUEDES, J. E. R. P. Aptidão física relacionada à saúde de crianças e adolescentes: avaliação referenciada por critério. **Revista Brasileira de Atividade Física e Saúde**, v. 1, n. 2, p. 27-38, 1995b. Disponível em: <https://rbafs.org.br/RBAFS/article/view/468/487>. Acesso em: 13 fev. 2023.

GUEDES, D. P.; GUEDES, J. E. R. P. **Exercício físico na promoção da saúde**. Londrina: Midiograf, 1995c.

GUEDES, D. P.; GUEDES, J. E. R. P. **Manual prático para avaliação em educação física**. Barueri: Manole, 2006.

GUEDES, D. P.; LOPES, C. C.; GUEDES, J. E. R. P. Reprodutibilidade e validade do Questionário Internacional de Atividade Física em adolescentes. **Revista Brasileira de Medicina do Esporte**, São Paulo, v. 11, n. 2, p. 151-158, mar./abr. 2005. Disponível em: <https://www.scielo.br/j/rbme/a/YVD5vfZcMVfNbpzzdTRjR6B/?format=pdf&lang=pt>. Acesso em: 13 fev. 2023.

GUEDES, D. P.; MIRANDA NETO, J. T.; SILVA, A. J. Desempenho motor em uma amostra de escolares brasileiros. **Motricidade**, Santa Maria da Feira, v. 7, n. 2, p. 25-38, 2011. Disponível em: <https://www.revistamotricidade.com/arquivo/2011_vol7_n2/v7n2a04.pdf>. Acesso em: 13 fev. 2023.

HACHANA, Y. et al. Test-Retest Reliability, Criterion-Related Validity, and Minimal Detectable Change of the Illinois Agility Test in Male Team Sport Athletes. **Journal of Strength and Conditioning Research**, v. 27, n. 10, p. 2752-2759, Oct. 2013.

HAMILL, J.; KNUTZEN, K. M. E.; DERRICK, T. R. **Bases biomecânicas do movimento humano**. São Paulo: Manole, 2015.

HAYMAN, L. L. et al. Cardiovascular Health Promotion in the Schools: a Statement for Health and Education Professionals and Child Health Advocates from the Committee on Atherosclerosis, Hypertension, and Obesity in Youth (AHOY) of the Council on Cardiovascular Disease in the Young, American Heart Association. **Circulation**, v. 110, n. 15, p. 2266-2275, Oct. 2004.

HINMAN, M. R. Comparison of Thoracic Kyphosis and Postural Stiffness in Younger and Older Women. **The Spine Journal**, v. 4, n. 4, p. 413-417, July/Aug. 2004.

HUNSICKER, P. A.; REIFF, G. G. **American Alliance for' Health, Physical Education, and Recreation**. Washington: AAHPER, 1988.

IBGE – Instituto Brasileiro de Geografia e Estatística. **Pesquisa de Orçamentos Familiares 2008-2009**: antropometria e estado nutricional de crianças, adolescentes e adultos no Brasil. Rio de Janeiro, 2010. Disponível em: <https://edisciplinas.usp.br/pluginfile.php/4253935/mod_resource/content/1/liv45419.pdf>. Acesso em: 13 fev. 2023.

IBGE – Instituto Brasileiro de Geografia e Estatística. **Pesquisa Nacional de Saúde do Escolar (PeNSE) 2015**. Rio de Janeiro, 2016. Disponível em: <https://www.ibge.gov.br/estatisticas/sociais/educacao/9134-pesquisa-nacional-de-saude-do-escolar.html?=&t=resultados>. Acesso em: 13 fev. 2023.

INBAR, O.; BAR-OR, O. Anaerobic Characteristics in Male Children and Adolescents. **Medicine and Science in Sport and Exercise**, New York, v. 18, n. 3, p. 264-269, 1986.

INCHLEY, J. et al. **Spotlight on Adolescent Health and Well-Being**. Copenhagen: WHO, 2020. v. 2. Disponível em: <https://apps.who.int/iris/handle/10665/332104>. Acesso em: 15 dez. 2022.

JANZ, K. F.; DAWSON, J. D.; MAHONEY, L. T. Increases in Physical Fitness during Childhood Improve Cardiovascular Health during Adolescence: the Muscatine Study. **International Journal of Sports Medicine**, v. 23, p. 15-21, 2002.

JESUS, G. T. de; MARINHO, I. de S. F. Causas de lombalgia em grupo de pessoas sedentárias e praticantes de atividade física. **EFDeportes.com**, Buenos Aires, ano 10, n. 92, 2006. Disponível em: <http://www.efdeportes.com/efd92/lombal.htm>. Acesso em: 5 dez. 2022.

JOHNSON, B. L.; NELSON, J. K. **Pratical Measurements for Evaluation in Physical Education**. New York: Burgess, 1979.

KATIS, A.; KELLIS, E. Effects of Small-Sided Games on Physical Conditioning and Performance in Young Soccer Players. **Journal of Sports Science & Medicine**, n. 8, n. 3, p. 374-80, Sept. 2009.

KAVEY, R. E. W. et al. American Heart Association Guidelines for Primary Prevation for Atherosclerotic Cardiovalcular Disease Beginning in Childhood. **Circulation**, v. 107, p. 1562-1566, 2003.

KHAN, K. et al. Does Childhood and Adolescence Provide a Unique Opportunity for Exercise to Strengthen the Skeleton? **Journal of Science and Medicine in Sport**, v. 3, p. 150-164, 2000.

KIPPER, J. D. Ética em pesquisa com crianças e adolescentes: à procura de normas e diretrizes virtuosas. **Revista Bioética**, Brasília, v. 24, n. 1, p. 37-48, 2016. Disponível em: <https://revistabioetica.cfm.org.br/index.php/revista_bioetica/article/view/1015/1391>. Acesso em: 13 fev. 2023.

KLEIN-PLATAT, C. et al. Physical Activity is Inversely Related to Waist Circumference in 12-y-old French Adolescents. **International Journal of Obesity**, v. 29, n. 1, p. 9-14, 2005.

KNUDSON, D.; JOHNSTON, D. Analysis of Three Test Durations of the Bench Trunk-Curl. **Journal of Strength and Conditioning Research**, v. 12, n. 3, p. 150-151, 1998.

KUHN, B. et al. Avaliação da capacidade funcional e da qualidade de vida de crianças e adolescentes em tratamento e pós-tratamento oncológico. **Revista Paulista de Pediatria**, São Paulo, n. 40, 2022. Disponível em: <https://www.scielo.br/j/rpp/a/BxdmzszPBK6dYDMJdQsH6PN/?format=pdf&lang=pt>. Acesso em: 13 fev. 2023.

LAMARI, N. M. et al. Intervening Factors in Forward Flexibility of the Trunk in Adolescents in Sitting and Standing Position. **Minerva Pediatrica**, Turin, v. 62, n. 4, p. 353-361, 2010.

LAMARI, N. M.; CHUEIRE, A. G.; CORDEIRO, J. A. Analysis of Joint Mobility Patterns among Preschool Children. **Sao Paulo Med J.**, v. 123, n. 3, p. 123-233. Disponível em: <https://www.scielo.br/j/spmj/a/hZPMtBm9H4dJsM7chJbbNnH/?format=pdf&lang=en>. Acesso em: 13 fev. 2023.

LEFÈVRE, A. F. B. **Exame neurológico evolutivo**. São Paulo: Sarvier, 1976.

LÉGER, L. A. et al. The Multistage 20-meter Shuttle Run Test for Aerobic Fitness. **Journal of Sports Sciences**, n. 6, p. 93-101, 1988.

LÉGER, L. A.; LAMBERT, J. A Maximal Multistage 20-m Shuttle Run Test to Predict VO2 Max. **Journal of Applied Physiology**, v. 49, n. 1, p. 1-12, 1982.

LEIGHTON, J. R. The Leighton Flexometer and Flexibility Test. **Journal of the Association for Physical and Mental Rehabilitation**, New York, v. 20, n. 3, p. 86-93, 1966.

LEXELL, J. et al. Growth and Development of Human Muscle: a Quantitative Morphological Study of Whole Vastus Lateralis from Childhood to Adult Age. **Muscle Nerve**, v. 15, n. 3, p. 404-409, Mar. 1992.

LIMA, A. A. de et al. Análise de capacidades físicas através de atividades voltadas à reciclagem do lixo. In: ENCONTRO LATINO-AMERICANO DE INICIAÇÃO CIENTÍFICA, n. 16, 2012, São José dos Campos. Disponível em: <http://www.inicepg.univap.br/cd/INIC_2012/anais/arquivos/0287_0431_01.pdf>. Acesso em: 13 fev. 2023.

LIMA, V. da S. et al. Avaliação da força muscular em crianças e adolescentes. **Intellectus**, v. 61, n. 1, p. 5-24, 2020. Disponível em: <http://www.revistaintellectus.com.br/artigos/70.869.pdf>. Acesso em: 13 dez. 2022.

LYRA, M. J. et al. Individual and Average Responses of Sleep Quality and Daytime Sleepiness after Four Weeks of Strength Training in Adolescents. **Revista de Educação Física**, v. 23, n. 2, 2017. Disponível em: <https://doi.org/10.1590/S1980-6574201700SI0088>. Acesso em: 5 dez. 2022.

MALINA, R. M.; BOUCHARD, C. **Growth, Maturation, and Physical Activity**. Champaign: Human Kinetics, 1991.

MALINA, R. M.; BOUCHARD, C.; BAR-OR, O. **Growth, Maturation and Physical Activity**. 2. ed. Champaign: Human Kintetics, 2004.

MARGARIA, R.; AGHEMO, P.; ROVELLI, E. Measurementof Muscular Power (Anaerobic) in Man. **Journal of Applied Physiology**, v. 21, n. 5, p. 1662-1664, 1996.

MARINS, J.; GIANNICHI, R. **Avaliação e prescrição de atividade física**: guia prático. 3. ed. Rio de Janeiro: Shape, 2003.

MARTELLI, R. C.; TRAEBERT, J. Estudo descritivo das alterações posturais de coluna vertebral em escolares de 10 a 16 anos de idade. Tangará-SC, 2004. **Revista Brasileira de Epidemiologia**, v. 9, n. 1, p. 87-93, 2006. Disponível em: <https://www.scielo.br/j/rbepid/a/m3Sty8fVQFQ7qSr4hDgNDRc/?format=pdf&lang=pt>. Acesso em: 13 fev. 2023.

MATSUDO, S. M. et al. Nível de atividade física da população do Estado de São Paulo: análise de acordo com o gênero, idade, nível socioeconômico, distribuição geográfica e de conhecimento. **Revista Brasileira de Ciência e Movimento**, Brasília, v. 10, n. 4, p. 41-50, out. 2002. Disponível em: <https://portalrevistas.ucb.br/index.php/RBCM/article/view/469>. Acesso em: 13 fev. 2023.

MATSUDO, V. K. R. **Testes em ciências do esporte**. São Paulo: CELAFISCS, 1987.

McARDLE, W. D.; KATCH, F. I.; KATCH, V. L. **Fisiologia do exercício:** energia, nutrição e desempenho humano. 5. ed. Rio de Janeiro: Guanabara Koogan, 2003.

McCARTHY, H. D.; JARRETT, K. V.; CRAWLEY, H. F. The Development of Waist Circumference Percentiles in British Children Aged 5.0-16.9 y. **European Journal of Clinical Nutrition**, v. 55, n. 10, p. 902-907, Oct. 2001.

McCOMAS, A. J. **Skeletal Muscle:** Formand Function. Champaign: Human Kinetics, 1996.

MELO, F. A. P. de D.; OLIVEIRA, F. M. F. de; ALMEIDA, M. B. de. Nível de atividade física não identifica o nível de flexibilidade de adolescentes. **Revista Brasileira de Atividade Física e Saúde**, Pelotas, v. 14, n. 1, p. 48-54, 2009. Disponível em: <https://rbafs.org.br/RBAFS/article/view/753/763>. Acesso em: 13 fev. 2023.

MEREDITH, M. D.; WELK, G. J. **Fitnessgram & Activitygram Test Administration Manual – Updated.** 5. ed. Dallas, Texas: The Cooper Institute for Aerobics Research, 2017.

MEYER F. et al. Strength Training in Prepubescent Boys with a Marginal Degree of Undernourishment. **Med Sci Sports Exerc**, 1998.

MIKKELSON, L. O. et al. Adolescent Flexibility, Endurance Strength, and Physical Activity as Predictors of Adult Tension Neck, Low-Back Pain, and Knee Injury: a 25-year Follow Up Study. **British Journal of Sports Medicine**, v. 40, p.107-113, 2006.

MILLER, T. **Guia para avaliações do condicionamento físico.** Barueri: Manole, 2015.

MINAMOTO, V. B. Classificação e adaptações das fibras musculares: uma revisão. **Revista de Fisioterapia e Pesquisa**, v. 12, n. 3, p. 50-55, 2005. Disponível em: <https://www.revistas.usp.br/fpusp/article/view/76719/80541>. Acesso em: 13 fev. 2023.

MIRANDA, J. de O. F. et al. Construção e aplicação de um termo de assentimento: relato de experiência. **Relato de Experiência**, Florianópolis, v. 26, n. 3, 2017. Disponível em: <https://doi.org/10.1590/0104-07072017002460016>. Acesso em: 5 dez. 2022.

MOIR, G. L. Força muscular. In: MILLER, T. **Guia para avaliações do condicionamento físico.** Barueri: Manole, 2015.

MORAES, W. S. L. A. de et al. Valores médios percorridos no teste de caminhada de seis minutos em crianças saudáveis de Coari (AM). **Fisioterapia e Pesquisa**, v. 27, n. 1, p. 2-9, jan./mar. 2020. Disponível em: <https://doi.org/10.1590/1809-2950/18004527012020>. Acesso em: 5 dez. 2022.

MORROW, J. R. et al. **Medida e avaliação do desempenho humano.** Tradução de Vagner Raso. 4. ed. Porto Alegre: Artmed, 2014.

MOURA, J. A. R. et al. Análise cinesiológica e sensibilidade a variáveis de sexo e aquecimento de testes que mensuram a flexibilidade muscular. **EFDeportes.com**, Buenos Aires, ano 16, n. 156, maio 2011.

NAHAS, M. et al. Educação para atividade física e saúde. **Revista Brasileira de Atividade Física e Saúde**, v. 1, n. 1, p. 57-65, 1995. Disponível em: <https://rbafs.org.br/RBAFS/article/view/452/496>. Acesso em: 13 fev. 2023.

NAHAS, M. V. **Atividade física, saúde e qualidade de vida**: conceitos e sugestões para um estilo de vida ativo. 6. ed. Londrina: Midiograf, 2013.

NAHAS, M. V.; GARCIA, L. M. T. Um pouco de história, desenvolvimentos recentes e perspectivas para a pesquisa em atividade física e saúde no Brasil. **Revista Brasileira de Educação Física e Esporte**, São Paulo, v. 24, n. 1, p. 165-148, 2010. Disponível em: <https://www.scielo.br/j/rbefe/a/j5ZDLF8Wq8DXXSLxMjzmfqD/?format=pdf&lang=pt>. Acesso em: 13 fev. 2023.

NAUGHTON et al. Physiological Issues Surrounding the Performance of Adolescent Athletes. **Sports Medicine**, Auckland, v. 30, n. 5, p. 309-325, 2000.

NUTRIAÇÃO. **Quem somos nós? Qual é o nosso objetivo?** Disponível em: <https://projetonutriacao.wixsite.com/nutriacaoseavaliao-antropomtrica>. Acesso em: 8 fev. 2023.

OLIVEIRA, A. R. de; LOPES, A. G.; RISSO, S. Elaboração de programas de treinamento de força para crianças. **Semina: Ciências Biológicas e da Saúde**, Londrina, v. 24, p. 85-96, jan./dez. 2003. Disponível em: <https://pdfs.semanticscholar.org/203c/e5bad20f4d559c873847c2ba7bb3b23e2af0.pdf>. Acesso em: 13 fev. 2023.

OLIVEIRA, G. de S.; BAGESTÃO, V. S.; SEBASTIÃO, L. B. da. Efeitos dos exercícios físicos em crianças e adolescentes. **Brazilian Journal of Development**, Curitiba, v. 7, n. 1, p. 8903-8915, 2021. Disponível em: <https://ojs.brazilianjournals.com.br/ojs/index.php/BRJD/article/view/23628/18987>. Acesso em: 13 fev. 2023.

OMS – Organização Mundial da Saúde. **Curvas de crescimento de 0 a 5 anos**. Disponível em: <https://www.who.int/tools/growth-reference-data-for-5to19-years/indicators/bmi-for-age>. Acesso em: 8 fev. 2023.

OMS – Organização Mundial da Saúde. **WHO AnthroPlus software**. Disponível em: <https://www.who.int/tools/growth-reference-data-for-5to19-years/application-tools>. Acesso em: 5 dez. 2022.

ORTEGA, F. B. et al. Physical Fitness Levels among European Adolescents: the HELENA Study. **British Journal of Sports Medicine**, v. 45, n. 1, p. 20-29, 2011.

ORTEGA, F. B.; RUIZ, J. R.; SJÖSTRÖM, M. Activitphysical Activity, Overweight and Central Adiposity in Swedish Children and Adolescents: the European Youth Heart Study. **International Journal of Behavioral Nutrition and Physical**, v. 4, n. 61, p. 1-10, 2007. Disponível em: <https://link.springer.com/content/pdf/10.1186/1479-5868-4-61.pdf>. Acesso em: 5 dez. 2022.

ORTIZ, I. R. G.; COLUSSI, L. A.da F. Os jovens entre a escola e o trabalho: tensões e contradições. **Cadernos do Aplicação**, Porto Alegre, v. 1, n. 34, jan./jun. 2021. Disponível em: <https://www.seer.ufrgs.br/CadernosdoAplicacao/article/viewFile/110398/61367>. Acesso em: 5 dez. 2022.

PACENKO, L. P. et al. A Influência do peso da mochila na cifose torácica em escolares. **Revista Inspirar**, Curitiba, v. 9, n. 2, p. 37-42, 2016.

PAFFENBARGER JUNIOR, R. S. et al. Physical Activity, All-Cause Mortality, and Longevity of College Alumni. **New England Journal of Medicine**, Boston, v. 314, p. 605-13, 1986.

PAN, J.; WEI, M. Scientific Physical Core Strength Training of Adolescent Group. **Revista Brasileira de Medicina do Esporte**, São Paulo, v. 28, n. 3, p. 235-237, dez. 2022. Disponível em: <https://doi.org/10.1590/1517-8692202228032021_0470>. Acesso em: 5 dez. 2022.

PATE, R. R. A New Definition of Youth Fitness. **The Physician and Sports Medicine**, v. 11, n. 4, p. 77-83, 1983.

PATE, R.; ORIA, M.; PILLSBURY, L. **Institute of Medicine**. Fitness Measures and Health Outcomes in Youth. Washington, DC: The National Academies Press, 2012.

PATE, R; WARD, D. S. Endurance Exercise Trainability in Children and Youth. In: GRANA, W. A. et al. **Advances in Sports Medicine e Fitness**. Chicago: Year Book Medical, 1990.

PELLANDA L. C. et al. Doença cardíaca isquêmica: a prevenção inicia durante a infância. **Jornal de Pediatria**, v. 78, n. 2, p. 91-96, 2002.

PEREZ, A. J. **Treinamento corporal humano**: fundamentos para a prática de exercícios e de esportes. Curitiba: Appris, 2018.

PFEIFFER, R. D.; FRANCIS, R. S. Effects of Strength Training on Muscle Development in Prepubescent, Pubescent and Postpubescent Males. **The Physician and Sportsmedicine**, v. 19, n. 9, p. 134-143, 1986. Disponível em: <https://pubmed.ncbi.nlm.nih.gov/27467615/>. Acesso em: 5 dez. 2022.

PINHEIRO, G. et al. Pressão arterial de crianças: associação a indicadores antropométricos, composição corporal, aptidão cardiorrespiratória e atividade física. **Arquivos Brasileiros de Cardiologia**, v. 116, n. 5, p. 950-956, 2021. Disponível em: <https://doi.org/10.36660/abc.20190520>. Acesso em: 13 fev. 2023.

PROESP – Projeto Esporte Brasil. **Avaliação da aptidão física relacionada à saúde (APFS)**. Disponível em: <https://www.ufrgs.br/proesp/nc-apfdm.php>. Acesso em: 9 fev. 2023a.

PROESP – Projeto Esporte Brasil. **Bateria de testes**: agilidade (teste do quadrado. Disponível em: <https://www.ufrgs.br/proesp/bat-teste-agilidade.php>. Acesso em: 12 fev. 2023b. PROESP – Projeto Esporte Brasil. **Manual de medidas, testes e avaliações**. Porto Alegre: UFRGS; Esefid, 2021.

RAIMUNDO, A. R. et al. Análise de desempenho em teste de agilidade: educação física escolar × iniciação esportiva em futsal. **Revista Educação Pública**, v. 21, n. 7, 2 mar. 2021. Disponível em: <https://educacaopublica.cecierj.edu.br/artigos/21/7/analise-de-desempenho-em-teste-de-agilidade-educacao-fisica-escolar-x-iniciacao-esportiva-em-futsal>. Acesso em: 15 dez. 2022.

RAYA, M. A. et al. Comparison of Three Agility Tests with Male Servicemembers: Edgren Side Step Test, T-Test, and Illinois Agility Test. **Journal of Rehabilitation Research and Development**, v. 50, n. 7, p. 951-960, 2013.

RODRIGUES, A. N. et al. Valores de consumo máximo de oxigênio determinados pelo teste cardiopulmonar em adolescentes: uma proposta de classificação. **Jornal de Pediatria**, v. 82, n. 6, p. 426-430, 2006. Disponível em: <https://www.scielo.br/j/jped/a/JrnhXRTBLYtvNvCPMgX9xHm/?format=pdf&lang=pt>. Acesso em: 8 fev. 2023.

RODRIGUES, J. A. L. **Efeitos de diferentes volumes e intensidades de treinamento físico aeróbio em parâmetros de saúde de indivíduos com fatores de risco para síndrome metabólica**: influência de variantes genéticas do AGTR1, NAMPT, AKT1, LEPR e β2 adrenérgico. Tese (Doutorado em Enfermagem) – Universidade de São Paulo, Ribeirão Preto, 2018. Disponível em: <https://www.teses.usp.br/teses/disponiveis/83/83131/tde-06122018-135815/publico/JHENNYFERALINELIMARODRIGUES.pdf>. Acesso em: 13 fev. 2023.

ROSA, N. F. **Manual de avaliação motora**. Porto Alegre: Artmed, 2002.

ROSS, J. G.; GILBERT, G. G. The National Children and Youth Fitness Study: a Summary of Findings. **Journal of Physical Education, Recreation and Dance**, Annapolis Junction, v. 56, n. 1, p. 51-57, 1985.

ROSS, J. G.; PATE, R. R. The National Children and Youth Fitness Study II: a Summary of Findings. **Journal of Physical Education, Recreation and Dance**, Annapolis Junction, p. 51-57, nov./dez.1987.

ROWLAND, T. W. **Fisiologia do exercício na criança**. Tradução de Maria Salete Tilelli. 2. ed. Barueri: Manole, 2008.

SAINT ROMAIN, B.; MAHAR, M. T. Norm-Referenced and Criterion-Referenced Reliability of the Push-Up and Modified Pull-Up. **Measurement in Physical Education and Exercise Science**, v. 5, n. 2, p. 67-80, 2001. Disponível em: <https://www.researchgate.net/publication/232865639_Norm-Referenced_and_Criterion-Referenced_Reliability_of_the_Push-Up_and_Modified_Pull-Up>. Acesso em: 13 fev. 2023.

SANTOS, N. R. D. et al. O consumo de bebidas açucaradas associado ao risco de câncer e à ocorrência de obesidade: uma revisão de literatura. **Brazilian Journal of Health Review**, São José dos Pinhais, v. 4, n. 4, p. 17202-17214, jul./ago. 2021.

SANTOS, R. et al. Physical Fitness Percentiles for Portuguese Children and Adolescents Aged 10-18 Years. **Journal of Sports Sciences**, v. 32, n. 16, p. 1-9, 2014. Disponível em: <https://www.researchgate.net/publication/262306329_Physical_fitness_percentiles_for_Portuguese_children_and_adolescents_aged_10-18_years>. Acesso em: 13 fev. 2023.

SBP – Sociedade Brasileira de Pediatria. **Desenvolvimento puberal de Tanner**. Disponível em: <https://www.sbp.com.br/departamentos/endocrinologia/desenvolvimento-puberal-de-tanner/>. Acesso em: 15 dez. 2022.

SBP – Sociedade Brasileira de Pediatria. **Gráficos de crescimento**. Disponível em: <https://www.sbp.com.br/departamentos/endocrinologia/%20graficos-de-crescimento/>. Acesso em: 8 fev. 2023.

SBP – Sociedade Brasileira de Pediatria. **Hipertensão arterial na infância e adolescência**. n. 2, abr. 2019a. Disponível em: <https://www.sbp.com.br/fileadmin/user_upload/21635c-MO_-_Hipertensao_Arterial_Infanc_e_Adolesc.pdf>. Acesso em: 11 fev. 2023.

SBP – Sociedade Brasileira de Pediatria. **Menos telas, mais saúde**. Rio de Janeiro, 2019b. Disponível em:<https://portaldeboaspraticas.iff.fiocruz.br/biblioteca/manual-de-orientacao-grupo-de-trabalho-saude-na-era-digital-2019-2021-menos-telas-mais-saude/>. Acesso em: 5 dez. 2022.

SBP – Sociedade Brasilera de Pediatria. **Promoção da atividade física na infância e adolescência**. 2017. Disponível em: <https://www.sbp.com.br/fileadmin/user_upload/19890e-MO-Promo_AtivFisica_na_Inf_e_Adoles-2.pdf>. Acesso em: 15 dez. 2022.

SILFIES, S. P. et al. Trunk Muscle Recruitment Patterns in Specific Chronic Low Back Pain Populations. **Clinical Biomechanics**, v. 20, n. 5, p. 465-473, 2005. Disponível em: <https://pubmed.ncbi.nlm.nih.gov/15836933/>. Acesso em: 15 dez. 2022.

SILVA, D. A. S. et al. **Boletim Brasil 2018**: está na hora de cuidar das crianças e dos adolescentes! Ottawa: Active Healthy Kids Global Alliance, 2018. Disponível em: <https://www.activehealthykids.org/wp-content/uploads/2018/11/brazil-report-card-long-form-pt.pdf>. Acesso em: 15 dez. 2022.

SILVA, R. J. dos S. **Características do crescimento, composição corporal e desempenho físico relacionado à saúde em crianças e adolescentes de 07 a 14 anos da região de Cotinguiba (SE)**. Dissertação (Mestrado em Educação Física) – Universidade Federal de Santa Catarina, Florianópolis, 2002. Disponível em: <https://repositorio.ufsc.br/bitstream/handle/123456789/83119/195938.pdf?sequence=1&isAllowed=y>. Acesso em: 13 fev. 2023.

SILVEIRA, J. F. de C. et al. Association between the Screen Time and the Cardiorespiratory Fitness with the Presence of Metabolic Risk in Schoolchildren. **Revista Paulista de Pediatria**, v. 38, 2020. Disponível em: <https://www.scielo.br/j/rpp/a/X585Ydnhxw8NqzBXPzRDChS/?format=pdf&lang=pt>. Acesso em: 13 fev. 2023.

SUÁREZ-REYES, M.; FERNÁNDEZ-VERDEJO, R.; SALAZAR, G. Elevated Risk of Overweight/Obesity-Related Markers and Low Muscular Fitness in Children Attending Public Schools in Chile. **International Journal of Environmental Research and Public Health**, v. 19, n. 21, 2022. Disponível em: <https://doi.org/10.3390/ijerph192114213>. Acesso em: 15 dez. 2022.

TANNER, J. M. **Growth at Adolescence**. Oxford: Blackwell Scientific Publication, 1962.

TELAMA, R. et al. Physical Activity in Childhood and Adolescence as Predictor of Physical Activity in Young Adulthood. **American Journal of Preventive Medicine**, v. 13, n. 14, p. 317-323, 1997.

TITSKI, A. C. et al. Frequência de síndrome metabólica em escolares. **Pensar a Prática**, v. 17, n. 1, p. 116-128, jan./mar. 2014. Disponível em: <https://www.revistas.ufg.br/fef/article/view/19664>. Acesso em: 5 dez. 2022.

TOMKINSON, G. R. et al. European Normative Values for Physical Fitness in Children and Adolescents Aged 9-17 Years: Results from 2 779 165 Eurofit Performances Representing 30 Countries. **British Journal of Sports Medicine**, v. 52, n. 1, p. 1445-1456, 2018. Disponível em: <https://pubmed.ncbi.nlm.nih.gov/29191931/>. Acesso em: 5 dez. 2022.

TORNQUIST, L. et al. Risco cardiometabólico em crianças e adolescentes: o paradoxo entre índice de massa corporal e aptidão cardiorrespiratória. **Arquivos Brasileiros de Cardiologia**, v. 119, n. 2, p. 236-243, 2022. Disponível em: <https://www.ncbi.nlm.nih.gov/pmc/articles/PMC9363058/pdf/0066-782X-abc-119-02-0236.pdf>. Acesso em: 13 fev. 2023.

TOZO, T. A. et al. Medidas hipertensivas em escolares: risco da obesidade central e efeito protetor da atividade física moderada-vigorosa. **Arquivo Brasileiro de Cardiologia**, São Paulo, v. 11, n. 1, p. 42-49, 2020. Disponível em: <https://www.scielo.br/j/abc/a/RWSJbkbLB3ZCMzZSB9Q8Xdx/?lang=pt>. Acesso em: 5 dez. 2022.

TUBINO, M. J. G. **Metodologia científica do treinamento desportivo**. 3. ed. São Paulo: Ibrasa, 1984.

TUBINO, M. J. G.; TUBINO, F. M.; GARRIDO, F. A. C. **Dicionário enciclopédico do esporte**. São Paulo: Senac, 2007.

VALENTE, J. Governo lança estratégia para combate à obesidade infantil. **Agência Brasil**, 10 ago. 2021. Disponível em: <https://agenciabrasil.ebc.com.br/saude/noticia/2021-08/saude-lanca-campanha-nacional-de-prevencao-obesidade-infantil>. Acesso em: 11 fev. 2023.

VASCONCELOS, D. de A.; RIBEIRO, C. D.; MACÊDO, L. C. M. O tratamento da flexibilidade pela fisioterapia. **Revista Tema**, Campina Grande, n. 10, v. 7, p. 29-37, 2008. Disponível em: <http://revistatema.facisa.edu.br/index.php/revistatema/article/view/4>. Acesso em: 13 fev. 2023.

VICTO, E. R. et al. Indicadores de estilo de vida e aptidão cardiorrespiratória de adolescentes. **Revista Paulista de Pediatria**, São Paulo, v. 35. n. 1, p. 61-68, jan./mar. 2017. Disponível em: <https://www.scielo.br/j/rpp/a/ZtPTZQgxRxrrfv3vvhc5Nrx/?format=pdf&lang=pt>. Acesso em: 13 fev. 2023.

VRIEND, J. et al. Emotional and Cognitive Impact ff Sleep Restriction in Children. **Sleep Medicine Clinics**, v. 10, n. 2, p. 107-115, 2015.

WELLS, K. F.; DILLON, K. E. The Sit and Reach – a Test of Back and Leg Flexibility. **Research Quarterly for Exercise and Sport**, v. 23, n. 1, p. 115-118, 1952.

WELTMAN, A. et al. The Effects of Hydraulic Resistance Strength Training in Pre-Pubertal Males. **Medicine & Science in Sports & Exercise**, v. 18, n. 6, p. 629-638, 1986.

WERNECK, A. O. et al. Biocultural Approach of the Association between Maturity and Physical Activity in Youth. **Jornal de Pediatria**, Rio de Janeiro, v. 94, n. 6, p. 658-665, 2018. Disponível em: <https://www.scielo.br/j/jped/a/3LgKmwyZbWntFcrkFrkS4Dw/?format=pdf&lang=pt>. Acesso em: 5 dez. 2022.

WHO – World Health Organization. **Child and Adolescent Health and Development**: Progress Report 2009 – Highlights. Geneva, 2010a. Disponível em: <https://apps.who.int/iris/handle/10665/44314>. Acesso em: 15 dez. 2022.

WHO – World Health Organization. **Global Recommendations on Physical Activity for Health**. Geneva, 2010b. Disponível em: <https://www.who.int/publications/i/item/9789241599979>. Acesso em: 13 fev. 2023.

WHO – World Health Organization. **Report of the Commission on Ending Childhood Obesity**. Geneva, 2016. Disponível em: <https://www.who.int/publications/i/item/9789241510066>. Acesso em: 15 dez. 2022.

WILMORE, J. H.; COSTILL, D. L. **Fisiologia do esporte e do exercício**. Tradução de Fernando Gomes do Nascimento. 2. ed. Barueri: Manole, 2001.

WILMORE, J. H.; COSTILL, D. L.; KENNEY, W. L. **Fisiologia do esporte e do exercício**. Tradução de Fernando Gomes do Nascimento. 4. ed. Barueri: Manole, 2010.

Bibliografia comentada

ABREU, P.; LEAL-CARDOSO, J. H.; CECCATTO, V. M. Adaptação do músculo esquelético ao exercício físico: considerações moleculares e energéticas. **Revista Brasileira de Medicina do Esporte**, v. 23, n. 1, p. 60-65, jan./fev. 2017. Disponível em: <https://doi.org/10.1590/1517-869220172301167371>. Acesso em: 2 dez. 2022.

Esse artigo traz o resumo de algumas das principais respostas moleculares sofridas pelo músculo esquelético com o exercício físico, fatores que coordenam a plasticidade muscular para o ganho de desempenho. Sabe-se dos inúmeros benefícios que o exercício propicia à saúde, além das adaptações fisiológicas ao exercício regular. Nessa produção, também é possível encontrar dezenas de biomarcadores ligados a aspectos moleculares das adaptações do músculo esquelético ao exercício físico, algumas das principais vias sinalizadoras e o papel mitocondrial, revelando novos paradigmas para o entendimento da área científica de biologia molecular.

ACSM – American College of Sports Medicine. **Diretrizes do ACSM para os testes de esforço e sua prescrição**. 10 ed. Rio de Janeiro: Guanabara Koogan, 2019.

Publicado pelo Colégio Americano de Medicina Esportiva, em 2019, esse manual traz diferentes testes de avaliação da aptidão física relacionada à saúde, assim como orienta sua correta realização. Ademais, explica por que e como executar a avaliação física dos cinco componentes da aptidão física, que são: composição corporal, força muscular, *endurance* muscular, flexibilidade e aptidão cardiorrespiratória. O material ainda conta com seções sobre princípios ímpares de avaliação, interpretação dos resultados dos testes, referências atualizadas das diretrizes do ACSM para os testes de esforço e sua prescrição, além de ilustrações para melhor compreensão dos conceitos de aptidão física e atividades laboratoriais, a fim de ajudar o estudante a dominar os conceitos de aptidão física relacionada à saúde.

ARRUDA, G. A. de; OLIVEIRA, A. R. de. **Avaliação da aptidão física de crianças e adolescentes**: fundamentos científicos. Londres: NEA, 2017.

Atualmente, hábitos de vida como despender longos períodos sentado no tempo livre e no trabalho, alimentação rica em carboidratos, sódio e gordura, bem como a prática insuficiente de atividade física, têm contribuído para o aumento de doenças cardiovasculares, morbidade e mortalidade no mundo. Problemas como a obesidade e a hipertensão têm acometido grande número de crianças e adolescentes. Tal fato é preocupante, pois a presença de fatores de risco cardiovascular nessa fase aumentam a probabilidade de ocorrência desses desfechos na idade adulta, reduzindo consequentemente a expectativa de vida. A compreensão do conceito de aptidão física, da relevância de sua avaliação entre crianças e adolescentes e das possíveis formas de análise é fundamental para que o diagnóstico seja realizado de forma precoce e as intervenções nesse sentido tenham mais chances de sucesso. Nessa direção, a obra aqui indicada destina-se aos profissionais da área da saúde que pretendem basear as suas condutas de diagnóstico quanto à adiposidade corporal e aptidão cardiorrespiratória em evidências científicas.

FERNANDES FILHO, J.; FERNANDES, P. R.; CARNAVAL, P. E. **Avaliação física**: cineantropometria e aptidão cardiorrespiratória. Belo Horizonte: Casa da Educação Física, 2018.

Nesse livro são apresentados conceitos, objetivos, técnicas e fases para a aplicação de testes em escolares. Sua leitura esclarece de que modo mensurar comprimentos, alturas, diâmetros e circunferências, assim como utilizar fitas, paquímetros e adipômetros. A obra também se propõe a orientar como classificar a somatotipia, as qualidades físicas, a postura e a capacidade cardiorrespiratória de indivíduos de diversas faixas etárias.

FLECK, S. J.; KRAEMER, W. J. **Fundamentos do treinamento de força muscular**. Tradução de Jerri Luis Ribeiro e Regina Machado Garcez. 4. ed. Porto Alegre: Artmed, 2017.

Nessa edição atualizada, revisada e ampliada, o leitor encontrará conhecimento científico sobre o desenvolvimento de treinamento de força. São abordados conteúdos de bioenergética, adaptações dos sistemas muscular, nervoso e cardiovascular, sistemas básicos de treinamento e prescrições de programas com o objetivo de melhorar a força, a potência e a resistência aeróbica.

GUISELINI, M. **Aptidão física, saúde e bem-estar**: fundamentos teóricos e exercícios práticos. São Paulo: Phorte, 2004.

O autor, Mauro Guiselini, apresenta diferentes conceitos de movimento, atividade física, exercício físico, aptidão física, treinamento, saúde, estilo e qualidade de vida, além de discutir o papel do exercício físico na prevenção de doenças. Outrossim, concebe o bem-estar como busca de equilíbrio entre o corpo e a mente, comentando as dimensões e programas relacionados ao bem-estar. Além disso, o autor define a atividade física em não estruturada e estruturada. Não estruturadas são as atividades de rotina, como caminhar, andar de bicicleta, lavar e passar roupa, ir ao mercado, pagar contas, entre outras. Enquanto a atividade física estruturada seria todo exercício físico planejado, ou seja, um programa organizado de atividades físicas.

MATTHEW, R. **Treinamento de força para crianças**. São Paulo: Phorte, 2009.

Esse livro ajuda a elaborar, com base científica, programas de treinamento de força individualizados, modificar e adaptar programas para atender às necessidades de populações especiais, assim como compreender o funcionamento prático da prescrição de exercício. A prescrição de exercícios e o planejamento de programa adequados são essenciais para garantir segurança e eficácia. Crianças não são adultos em miniatura e devem ser tratadas de forma compatível. Um método de treinamento de força que pode ser especialmente benéfico para crianças é o emprego de exercícios com o peso corporal. Esses exercícios podem desenvolver a aptidão muscular, aumentar a coordenação e o equilíbrio dos músculos e melhorar o desenvolvimento dos tecidos moles. Nesse sentido, a referida obra introduz ao leitor o emprego de exercícios com o peso corporal, compatíveis com a idade, junto com informações valiosas nas áreas da fisiologia do exercício relacionado ao desenvolvimento e do planejamento de programa.

NAHAS, M. V. **Atividade física, saúde e qualidade de vida**: conceitos e sugestões para um estilo de vida ativo. 5. ed. rev. atual. Londrina: Midiograf, 2010.

Esse livro aborda conteúdos relacionados à conquista de uma boa aptidão física por meio da prática da atividade física. O autor, Markus Nahas, traz diversos exercícios que podem ser aplicados com os alunos sobre bem-estar físico e social, aliados a reflexões acerca de cada uma dessas dimensões. Em um dos capítulos, ele trata do sedentarismo e de todas as doenças hipocinéticas que advêm desse tipo de comportamento.

PAESANI, G. **120 jogos e percursos de psicomotricidade**: crianças em movimento. Petrópolis: Editora Vozes, 2014.

Essa obra destaca a importância do jogar, ação que ajuda a criança a crescer, a se conhecer e a aprender. Logo, é fundamental que crianças joguem. Nessa leitura é possível encontrar muitos exercícios e jogos motores, tanto para ambientes materialmente equipados quanto com poucos materiais ou com recursos improvisados, produzidos com base na larga experiência da autora com crianças escolares.

SBP – Sociedade Brasileira de Pediatria. **Gráficos de crescimento**. Disponível em: <https://www.sbp.com.br/departamentos-cientificos/endocrinologia/graficos-de-crescimento/>. Acesso em: 15 dez. 2022.

O *site* da Sociedade Brasileira de Pediatria (SBP) reúne todos os tipos de gráficos de crescimento, seja no padrão brasileiro ou europeu, por IMC, idade, sexo, em Z score, Percentil, Tanner, OMS, CDC. Para cada população estudada, existem critérios diferenciados, e o usuário pode baixar o material mais adequado às suas necessidades.

SBP – Sociedade Brasileira de Pediatria. **Manual de orientação**: obesidade na infância e adolescência. 3. ed. rev. ampl. São Paulo, 2019. Disponível em: <https://www.sbp.com.br/fileadmin/user_upload/Manual_de_Obesidade_-_3a_Ed_web_compressed.pdf>. Acesso em: 15 dez. 2022.

Esse manual da SBP traz excelentes contribuições para a área de saúde da criança e do adolescente, principalmente para profissionais que atuam ou irão atuar com essa população. Seus capítulos são escritos por diferentes estudiosos de cada área e abordam ferramentas simples para estabelecer o diagnóstico, complicações, comorbidades, tratamento, prognóstico e o seguimento de crianças e adolescentes obesos. As diretrizes foram redigidas para médicos pediatras, mas existem muitos conteúdos que precisam ser entendidos por profissionais de educação física para a prescrição correta e segura do exercício físico.

Respostas

Capítulo 1

Atividades de autoavaliação

1. c
2. b
3. a
4. e
5. a
6. d
7. e
8. b
9. c
10. a
11. d
12. a

Atividades de aprendizagem

1. Porque a musculatura (tendões) e a parte óssea ainda não estão completamente maduras para receber sobrecarga.
2. Idade, carga, intensidade, duração e tipo de exercícios.
3. Composição corporal, aptidão musculoesquelética e resistência cardiorrespiratória. Uma vez que todos esses componentes trazem algum benefício à saúde, considerável atenção tem sido dada à compreensão de seu desenvolvimento ao longo da vida, especialmente na infância e na adolescência.

Capítulo 2

Atividades de autoavaliação

1. e
2. b
3. c
4. e
5. c
6. a
7. e
8. c
9. e

Atividades de aprendizagem

1. Porque correm realizando a respiração de forma errada, geralmente pela boca. O ideal é diminuir o ritmo da atividade e tão logo a dor passará.
2. A aptidão cardiorrespiratória é necessária na maioria dos esportes. Os esportes que exigem menos técnica, como as corridas de média e longa distância, podem melhor favorecer crianças e adolescentes com essa capacidade física. Se os indivíduos dominarem técnicas para outros esportes, também terão destaque em outras modalidades.
3. Sim, é diferente, inclusive por faixa etária e raça.
4. Que o corpo está no limite de esforço.
5. A aptidão cardiorrespiratória está relacionada à saúde.
6. Para estar mais disposto a realizar as atividades do dia a dia.
7. Realizar atividades de conscientização a respeito da importância dessa capacidade física; incentivar crianças e adolescentes a participarem de atividades esportivas extracurriculares; promover eventos esportivos e festivais com regularidade.

Capítulo 3

Atividades de autoavaliação

1. c
2. c
3. d
4. d
5. d
6. b

7. a
8. b
9. d
10. e
11. d

Atividades de aprendizagem

1. Aqueles que utilizam o peso do próprio corpo de forma lúdica. Também as atividades físicas como a corrida, os saltos, o ciclismo e a natação ajudam no ganho de força nessa população.
2. Treinamento de força (musculação) é aconselhável após os 16 anos. Sabe-se que crianças e adolescentes são mais suscetíveis a lesões estruturais e ósseas do que indivíduos adultos, principalmente do que é chamado de *cartilagem epifisária*, que é por onde os ossos crescem. O osso cresce a partir dessa estrutura e, uma vez cessado o crescimento, essa cartilagem fecha. Como em indivíduos mais jovens essa cartilagem, que existe em todos os ossos, pode ainda não ter fechado, pois eles estão em crescimento, essa estrutura torna-se mais frágil e propensa a lesões.
3. Em qualquer conteúdo desde que observada a idade da criança e respeitado o processo de maturação.
4. Não existem materiais específicos. A criatividade fica por conta do professor em suas aulas, podendo usar até o corpo da criança para atingir os objetivos da aula.

Capítulo 4

Atividades de autoavaliação

1. b
2. c
3. c
4. c
5. c
6. c
7. d
8. a
9. d
10. c
11. a
12. b

Atividades de aprendizagem

1. O professor pode aferir o peso e a estatura durante as aulas de educação física, imprimir as curvas de crescimento e IMC idade/sexo da Organização Mundial de Saúde (OMS) ou as utilizadas pela Sociedade Brasileira de Pediatria (SBP) e solicitar aos estudantes que localizem em qual posição da curva se encontram.
2. O ideal é não usar somente o IMC, mas também a circunferência abdominal/cintura e as dobras cutâneas para avaliar o estado nutricional em crianças e adolescentes.
3. Circunferência abdominal e dobras cutâneas.

Capítulo 5

Atividades de autoavaliação

1. e
2. a
3. c
4. c
5. c
6. a

Atividades de aprendizagem

1. Os principais fatores que levam a criança a perder a agilidade são o sedentarismo e o aumento do peso.
2. O equilíbrio muda ao longo da vida por diferentes fatores, principalmente físicos, que podem ser minimizados por meio da prática de exercícios específicos.
3. As capacidades físicas equilíbrio e agilidade são treináveis e podem ser trabalhadas em qualquer fase escolar. No Ciclo 1 – anos iniciais, verifica-se uma ênfase nessas capacidades.

Capítulo 6

Atividades de autoavaliação

1. e
2. b
3. e
4. e
5. e

6. b
7. a
8. b

Atividades de aprendizagem

1. É importante trabalhar com aplicação de testes nas aulas de educação física, tanto para o professor quanto para os alunos. Para o professor, porque será um diagnóstico físico dos seus estudantes, de modo a conseguir readequar os conteúdos e conscientizar sobre a importância da atividade física e das suas capacidades para a qualidade de vida. Para os alunos, porque eles se valem dos benefícios de uma boa aptidão física relacionada à saúde.
2. Trazendo práticas que envolvam os estudantes na escola, além de tarefas para casa que demandem a contribuição dos familiares.
3. Palestras nas escolas durante eventos que a família esteja presente, e aqueles alunos identificados com fatores de riscos (sobrepeso e obesidade) devem ser orientados junto a seus familiares, além de ser necessário verificar se já estão sendo acompanhados por equipe multidisciplinar (médico, nutricionista etc.).

Sobre a autora

Lilian Messias Sampaio Brito tem pós-doutorado pelo Programa de Atividade Física e Saúde da Universidade Federal do Paraná – UFPR (2017-2019) e está cursando pós-doutorado no Laboratório de Fisiologia Celular e Molecular do Exercício da Universidade de São Paulo (USP). Foi diplomada pela Malmo University em PhD Course Scientific Quality, Position and Relevance in Sport Sciences durante o 20th Annual Congress of the European College of Sport Science (ECSS 2015). É doutora em Saúde da Criança e do Adolescente, área de Pediatria, pela UFPR (2017) e mestra em Atividade Física e Saúde, área de Educação Física, pela mesma instituição (2013). É especialista em Treinamento Esportivo (1997) e Ciências do Esporte na Promoção da Saúde (1999) pela Pontifícia Universidade Católica do Paraná (PUCPR) e em Gestão Escolar (2019) pela Faculdade Unina. É licenciada em Educação Física pela PUCPR (1995).

É professora PDE pelo Estado do Paraná e, de 2012 a 2014, trabalhou na Secretaria de Estado de Educação como técnica pedagógica da disciplina de Educação Física e Esportes. Foi membro das Comissões Estaduais de Educação e Meio Ambiente da Copa Fifa 2014, e ainda integra a Comissão Municipal de Assistência à Saúde da Prefeitura Municipal de Curitiba (PMC). Delegada adjunta da Federação Internacional de Educação Física (FIEP-PR, 2020). Atua como editora científica da *The Fiep Bulletin* e como editora-chefe da revista *Chão da Escola*. Coordenadora administrativa do Colégio Brasileiro de Ciências do Esporte do Estado do Paraná (CBCE-PR, 2020-2022). Tem experiência em educação física em todos os níveis: do fundamental à universidade. Leciona Educação Física nas redes municipal de Curitiba e estadual de educação e esportes do Estado do Paraná. Ainda, é professora convidada do programa de mestrado/doutorado na Universidad Publica de El Alto, na Bolívia (2022-atual).

Os papéis utilizados neste livro, certificados por instituições ambientais competentes, são recicláveis, provenientes de fontes renováveis e, portanto, um meio **respons**ável e natural de informação e conhecimento.

Impressão: Reproset
Junho/2023